AF368049

VIE

DU JEUNE

DOMINIQUE SAVIO

ÉLÈVE DE L'ORATOIRE DE S. FRANÇOIS DE SALES

VIE

DU JEUNE

DOMINIQUE SAVIO

ÉLÈVE DE L'ORATOIRE DE S. FRANÇOIS DE SALES

VIE

DU JEUNE

DOMINIQUE SAVIO

ÉLÈVE DE L'ORATOIRE DE S. FRANÇOIS DE SALES

PAR

L'ABBÉ JEAN BOSCO

NICE

IMPRIMERIE DU PATRONAGE SAINT-PIERRE

1, Place d'Armes, 1.

—

1884.

AVANT-PROPOS

Très Chers Enfants,

Vous m'avez souvent demandé, pour votre édification, de connaître dans ses plus intimes détails la vie de votre camarade, Savio Domenico. Je réponds à ce pieux désir, en vous la donnant écrite avec la brièveté et la simplicité que je sais vous être agréables.

Deux difficultés s'opposaient à la publication de ce travail : la critique à laquelle on s'expose en citant des faits dont un grand nombre de témoins vivent encore, et la nécessité de parler souvent de moi, parce que Savio ayant vécu trois ans dans cette maison, j'avais à raconter des choses auxquelles j'ai pris part.

Ces difficultés, je crois les avoir surmontées en m'en tenant au devoir d'historien qui est de dire la vérité sans regarder aux personnes, et en mettant une scrupuleuse attention à ne rapporter que ce qui a été vu de vous et de moi, et dont je conserve presque toutes les relations écrites et signées de votre main.

Vous demanderez, peut-être, pourquoi je n'écris pas la vie de quelques autres jeunes gens ayant laissé parmi nous la réputation d'une vertu sans tache, tels que Gabriel Fascio, Louis Rua, Camille Gavio, Jean Massaglia etc. Je répondrai que leurs actions ont été moins connues, moins remarquables, moins merveilleuses que celles de Savio. Mais, si Dieu m'accorde la santé et la grâce, je me propose de publier un jour ce que je pourrai recueillir sur ces enfants qui furent vos compagnons, et que la Providence vous avait donnés pour modèles.

En attendant, répétez au fond du cœur, comme S. Augustin : *Si ille, cur non ego ?* — Si un jeune homme de mon âge, exposé aux mêmes dangers, dans les mêmes lieux, a trouvé le moyen de se maintenir dans la fidélité à suivre J-C., pourquoi ne ferais-je pas de même?

Rappelez-vous que la vraie piété consiste dans les œuvres et non dans les paroles. Lorsque vous trouvez une action digne d'être admirée, ne vous contentez pas de dire : *ceci est beau, cela me plaît*. Efforcez-vous plutôt de l'imiter en tout ce qui est compatible avec votre état.

Que Dieu donne à tous ceux qui liront ce petit livre, la grâce d'en tirer profit pour leur sanctification ;

et que la Très-Sainte Vierge, dont Savio fut l'enfant dévoué, nous obtienne d'aimer son Divin Fils par dessus toutes choses, et de le servir fidèlement jusqu'à la mort.

CHAPITRE I.

Patrie. — Caractère de cet enfant. — Ses premiers actes de vertu.

Les parents du jeune homme dont j'entreprends d'écrire la vie, furent Carlo Savio et Brigitte sa femme, tous les deux pauvres et honnêtes habitants de Castelnuovo d'Asti, près de Turin. En 1841, ces vertueux époux se trouvant sans travail et dans de grands embarras, allèrent habiter Riva, où le mari exerça le métier de forgeron qu'il avait appris dans sa jeunesse. Dieu bénit leur mariage en leur donnant un fils qui naquit le 2 avril 1842.

Lorsqu'ils le présentèrent pour être régénéré dans les eaux du baptême, on lui donna le nom de *Domenico*, circonstance indifférente par elle-même, mais qui fut pour cet heureux enfant un sujet de bénédiction, comme nous le verrons plus tard.

Domenico terminait à peine sa 2e année, lorsque ses parents, pour des convenances de famille, retournèrent dans leur pays et s'établirent à Murialdo, faubourg de Castelnuovo d'Asti.

Toute leur sollicitude avait pour but de donner une éducation chrétienne à ce petit enfant, sur lequel se concentraient toutes leurs affections. Domenico avait reçu de la nature un bon caractère, un cœur porté à la piété. Il apprit avec une facilité merveilleuse les prières du matin et du soir ; il était en tout et partout soumis à sa mère, et si quelquefois il s'éloignait d'elle, c'était pour aller prier avec plus de liberté dans un coin de la maison.

Dès l'âge le plus tendre, et lorsque les autres enfants sont un sujet de tourment continuel, Domenico ne donna jamais le moindre déplaisir. Non-seulement il était toujours prêt à faire la volonté de ses parents, mais il allait au devant de leurs désirs en tout ce qu'il croyait pouvoir leur être agréable.

C'était un spectacle charmant de voir l'accueil qu'il faisait à son père, lorsque celui-ci rentrait après sa journée de travail. Il le comblait de prévenances et de caresses, pour lui faire oublier ses fatigues et le réjouir.

Sa dévotion croissait encore plus que son âge. Il avait à peine 4 ans qu'il n'était plus nécessaire de l'avertir pour faire ses prières ; lui-même les rappelait aux autres s'ils venaient à les oublier. Un jour, ses parents distraits se mirent à table sans autre cérémonie. O père ! s'écria le vigilant Domenico, nous n'avons pas encore appelé la bénédiction de Dieu sur nos aliments; et, faisant le signe de la croix, il récita la prière accoutumée. Une autre fois, un étranger invité à partager le repas de la famille, se mit à manger sans faire aucun acte de religion. Domenico ne pouvant pas l'avertir, se retira tout triste, ce qui était contraire à ses habitudes. Interrogé par ses parents, il répondit : Je n'ose pas me mettre à table avec un homme qui mange comme les bêtes.

CHAPITRE II.

Beaux traits de vertu — Sa conduite à l'école.

Nous nous trouvons ici en présence de faits qui sembleraient incroyables, si l'autorité de celui qui les affirme ne rendait impossible le doute à cet égard. Je me bornerai à citer la relation que le Prêtre, Jean Zucca, chapelain de Murialdo, a eu la bonté de me faire sur la conduite de son cher élève.

« Dès les premiers jours de mon arrivée
« dans ce bourg, dit-il, je voyais souvent
« un petit enfant de cinq ans environ, venir
« à l'église avec sa mère. Sa physionomie
« douce et modeste, son attitude recueillie,
« attiraient sur lui mes regards et ceux des
« assistants.

« Lorsque, par hasard, l'église n'était

« pas encore ouverte, au lieu de courir et
« de jouer comme le font les autres garçons
« de son âge, il se mettait à genoux sur
« le seuil de la porte, sans se préoccuper
« de la neige ou de la boue qui couvraient
« quelquefois la place ; puis, inclinant sa
« petite tête et joignant les mains sur sa
« poitrine, il priait avec une ferveur angé-
« lique. Plein d'admiration, et poussé par
« une pieuse curiosité, je voulus connaî-
« tre cet enfant: on me dit qu'il était
« le fils du forgeron Carlo Savio.

« Ses parents l'envoyèrent bientôt à l'é-
« cole, et, parce qu'il était très-pourvu
« de moyens intellectuels, et bien appliqué
« à ses devoirs, il fit en peu de temps de
« rapides progrès.

« Quoique forcé de se trouver avec des
« enfants dissipés et d'un caractère fâcheux,
« je ne le vis jamais en dispute. Au con-
« traire, dès qu'il s'élevait une altercation
« entre ses camarades, il s'éloignait d'eux
« et supportait patiemment leurs insultes.
« Il refusait également de prendre part à

» aucune espèce d'espiègleries en usage
» chez les enfants, comme de jeter des pier-
» res, de dérober des fruits, etc. Il essayait
» d'en détourner les autres en blâmant leur
» conduite.

» A l'âge de cinq ans, Domenico servait
» déjà la Messe avec beaucoup de dévotion ;
» mais, comme il était tout petit, c'était
» une chose curieuse de le voir se lever
» sur la pointe des pieds, et tendre les bras
» pour atteindre le Missel. Si le Prêtre ou
» un assistant, voulait lui faire plaisir, il
» n'avait qu'à rapprocher le pupitre, et
» Domenico tout joyeux, le transportait de
» l'autre côté de l'autel.

» Il se confessait fréquemment et savait
» par cœur le petit catéchisme. En voyant
» les merveilleux effets de la grâce Divine
» dans cette âme innocente, je priais le
» Seigneur de réaliser les espérances que
» faisait concevoir une vertu si précoce. »

CHAPITRE III.

Première Communion. —
Souvenir de ce beau jour.

Rien ne manquait à Domenico pour être admis à la première Communion. Il savait distinguer le pain du Ciel de celui de la terre; il avait une claire connaissance de ce divin sacrement, et brûlait du désir de s'en approcher. Sa jeunesse seule faisait obstacle, car il n'avait que sept ans, et dans les villages, les enfants ne sont reçus à la Table Sainte qu'à l'âge de onze à douze ans accomplis. Le Chapelain de Murialdo consulta d'autres prêtres qui levèrent la difficulté à cause de l'intelligence précoce et de l'angélique pureté de Domenico.

Il serait impossible d'exprimer les sentiments dont fut rempli son cœur à l'annonce d'une aussi grande grâce, et avec quels transports de joie il courut en porter la nouvelle à sa mère. Depuis ce moment, il se livra avec plus de ferveur à l'étude, à la prière ; il passait à l'église un temps beaucoup plus long avant et après la Messe ; on eût dit que son âme habitait avec les anges du Ciel.

La veille du jour fixé pour la Sainte Communion, Domenico demanda humblement pardon à sa mère de tous les déplaisirs qu'il pouvait lui avoir causés, promettant de mieux faire à l'avenir. La pauvre mère, qui n'avait reçu de lui que des consolations, fut vivement émue, et ne pouvant retenir ses larmes, elle bénit son cher enfant en lui donnant l'assurance que tout était pardonné.

Ce jour de sa première Communion fut vraiment mémorable pour Domenico ; on peut l'appeler le principe et la continuation d'une vie digne d'être offerte pour modèle à tous les chrétiens.

Bien des années après, il ne pouvait en parler sans que son visage exprimât la joie la plus vive. Il écrivit quelques résolutions soigneusement placées dans son livre de prières, afin de les revoir souvent. Les voici dans leur originale simplicité :

« — Souvenir écrit par moi, Domenico,
« l'an 1850, lorsque j'ai fait ma 1ère Com-
« munion à l'âge de sept ans :
« 1º — Je me confesserai souvent et je ferai
« la Ste Communion toutes les fois que mon
« confesseur le permettra.
« 2e — Je sanctifierai les jours de fête.
« 3º — Mes amis seront Jésus et Marie.
« 4º — La mort, mais pas de péché. »

Si parmi les lecteurs de ce livre, il s'en
trouvait qui n'eussent pas fait leur 1ère Communion, je les engage à prendre le jeune
Savio pour modèle. Je recommande en même
temps aux pères et aux mères de famille,
et à tous ceux qui ont autorité sur la jeunesse,
de donner la plus grande importance à cet
acte de religion.

Une 1ère Communion bien faite est un
germe de sanctification pour la vie entière ;
tandis que, si elle est faite indignement, les
conséquences en sont funestes pour l'âme.
On compte par milliers les jeunes gens dé-
bauchés qui font la désolation de leurs parents.
S'il était possible de remonter à la source

du mal, on la trouverait dans la mauvaise préparation, ou dans l'absence de toute préparation à la 1ère Communion. Il vaut mieux la différer ou ne pas la faire, que la mal faire.

CHAPITRE IV.

Ecole de Castelnuovo d'Asti. — Belles réponses. — Témoignage rendu par son maître.

Le jeune Savio avait appris tout ce qui pouvait être enseigné dans une Chapellenie de campagne ; il désirait continuer ses études, et ses parents n'avaient rien de plus à cœur, mais les ressources leur manquaient. « *Si j'étais un oiseau*, disait quelquefois Domenico, *je volerais matin et soir à Castelnuovo, pour achever de m'instruire.* »

Son vif désir de travailler lui fit surmonter toutes les difficultés. Il résolut d'aller à l'école communale du pays, bien qu'elle fût très-éloignée.

Et voilà cet enfant de dix ans, parcourant chaque jour une grande distance, et supportant avec courage les intempéries des saisons. Mais que lui importe la fatigue, puisqu'il trouve le moyen d'obéir à ses parents et d'apprendre la science du salut ?

Une personne l'ayant rencontré se rendant à l'école au moment de la plus forte chaleur, lui dit :

— A ton âge, tu ne crains donc pas d'aller seul sur cette route ?

— Je ne suis pas seul, répond Domenico, j'ai mon Ange Gardien qui accompagne tous mes pas.

— Mais il est bien pénible pour toi de faire une aussi longue course, quatre fois dans la même journée !

— Rien n'est pénible, rien n'est fatigant lorsqu'on travaille pour un maître qui paie bien.

— Quel est ce maître ?

— C'est Dieu, notre Créateur qui récompense même un verre d'eau donné pour son amour.

De semblables réponses, faites par un

enfant, remplirent d'admiration celui qui les avait entendues. Il aimait à les répéter et terminait toujours en disant : *Un sujet de tant de mérite et de vertu ne peut manquer de faire parler de lui, quelle que soit la carrière qu'il embrasse.*

Dès les premiers jours de son entrée à l'école, Domenico régla sa conduite vis-à-vis de ses camarades. Il devint l'ami de ceux qui étaient dociles, respectueux envers leurs maîtres et très-appliqués à leurs devoirs. Il fuyait au contraire les paresseux, les dissipés, les turbulents, et se contentait de saluer ceux dont la tenue n'était pas exempte de reproche, sans refuser cependant de leur rendre, à l'occasion, quelques petits services.

Cette manière d'agir peut servir de modèle à tous les étudiants qui veulent faire des progrès dans la science et dans la piété. Voici du reste, le témoignage rendu par son maître, Don Alessandro Allora, instituteur communal du lieu :

« Je suis heureux de pouvoir exprimer

« mon opinion sur le jeune Savio Domenico.
« En peu de temps, il s'attira ma bienveil-
« lance au point que je l'aimais d'une tendres-
« se toute paternelle. Admis, par faveur, à
« mon école élémentaire du second degré, il y
« entra le 21 Juin 1852, jour consacré par
« les élèves à S. Louis de Gonzague, protec-
« teur de la jeunesse.

« Domenico était d'une constitution fai-
« ble et délicate, d'un extérieur grave et
« doux, d'un caractère charmant par son
« égalité d'humeur.

« Il avait partout et toujours un tel main-
« tien, qu'en dirigeant les regards vers
« lui, on éprouvait la plus agréable impres-
« sion. Voilà ce qui s'appelle, pour le
« maître, un précieux dédommagement aux
« fatigues et aux ennuis que lui font sup-
« porter certains esprits arides et mal dis-
« posés. Je puis donc assurer que s'il fut
« sage de nom *(Savio veut dire sage)*, il le
« fut en réalité dans toutes ses actions, et
« dans ses rapports avec les autres élèves.

« Domenico fit des progrès extraordinaires

« dans les sciences; il mérita presque tou-
« jours la première place dans chacune des
« matières qui lui étaient enseignées. Ces
« heureux succès ne doivent pas être attri-
« bués seulement à la grande capacité de son
« esprit, mais encore à sa vertu et à son
« amour pour le travail. Dans le courant
« de l'année 1852-53, il tomba malade, et
« ses parents ayant changé de domicile, je
« ne pus continuer mes leçons à ce cher en-
« fant, l'orgueil et le modèle de ma classe. »

CHAPITRE V.

Ecole de Mondonio.

Vers la fin de l'année 1852, les parents
de notre pieux jeune homme allèrent habiter Mondonio, près de Castelnuovo.

La Divine Providence voulait sans doute
lui montrer que, sur cette terre d'exil, nous
devons passer d'un lieu à un autre comme
des pèlerins; ou bien encore, elle désirait faire connaître Domenico, afin de

donner au monde un modèle parfait de toutes les vertus.

Son nouveau maître, Don Cugliero, consacré depuis longtemps à l'instruction de
la jeunesse, affirmait que jamais aucun de
ses élèves n'avait égalé Domenico dans la
piété.

Comme preuve, il racontait avec admiration le trait suivant :

« Un jour, il se commit parmi les élèves
« une faute si grave, que les coupables mé-
« ritaient d'être chassés. Pour prévenir le
« coup, on accusa Domenico, et les calom-
« niateurs étant venus me trouver, surent
« donner une telle couleur de vérité à leur
« odieux mensonge, que je dus y ajouter
« foi. J'entrai donc dans la classe, juste-
« ment indigné du désordre qui avait eu
« lieu, et m'adressant à ce cher enfant :
« — C'est donc toi, lui dis-je, qui pouvais
« commettre une pareille faute ? Je devrais
« t'éloigner sur-le-champ de la maison ;
« heureusement, c'est la première fois
« que tu t'exposes à une punition sévère,

« et je veux bien te faire grâce, à la con-
« dition qu'un pareil scandale ne se re-
« nouvellera plus.

« Domenico n'avait qu'un mot à dire
« pour se justifier, mais il se tut, baissa la
« tête et n'osa plus lever les yeux, com-
« me s'il avait mérité la réprimande.

« Le jour suivant, les vrais coupables
« furent découverts ; je regrettai vivement
« l'humiliation qu'avait subie mon innocent
« écolier, et, le prenant à part, je lui deman-
« dai la cause de son silence. Il me répon-
« dit : — Ceux qui avaient commis le mal,
« ayant d'autres fautes à se reprocher, pou-
« vaient être renvoyés de l'école ; tandis que
« je n'avais pas encore manqué à mes devoirs,
« ce qui me faisait espérer d'être facile-
« ment pardonné ; et puis, je pensais à
« Notre Seigneur injustement accusé. —

« Je me tus alors ; mais tous admirèrent
« la sagesse et la prudence de cet enfant
« qui rendait le bien pour le mal, et qui,
« par amour de Dieu, consentait à souffrir
« pour ses calomniateurs. »

Ainsi parle Don Cugliero.

CHAPITRE VI.

Première connaissance que je fis de Savio.

Les choses que je vais raconter maintenant avec des détails circonstanciés, se sont passées sous mes yeux, et ont eu pour témoins une foule de personnes, toutes prêtes à les affirmer.

Dans le courant de l'année 1854, Don Cugliero vint me parler d'un de ses élèves, digne sous tous les rapports d'un intérêt particulier. — « Dans votre maison, disait-il, il peut y avoir des enfants qui l'égalent, mais aucun ne le surpasse en intelligence et en sainteté ». — Il fut convenu qu'on me l'amènerait à Murialdo, où je devais me rendre avec quelques jeunes gens pour respirer l'air de la campagne, et célébrer la fête du Rosaire de la Très-Sainte Vierge.

C'est le premier lundi d'Octobre, de grand matin, que je le vis arriver accompagné de son père.

— Qui es-tu, lui dis-je, et d'où viens-tu ?

— Je suis Savio Domenico dont vous a parlé mon maître Don Cugliero, et nous venons de Mondonio.

Alors, je le pris à part, et l'ayant questionné sur ses études et sa manière de vivre jusque-là, nous entrâmes en pleine confidence.

Je reconnus que cet enfant était rempli de l'esprit et de la grâce de Dieu. Après un entretien assez prolongé, et avant d'aller rejoindre son père, il me dit :

— Eh bien, me conduirez-vous à Turin ? Que pensez-vous de moi ?

— Je pense qu'il y a là une bonne étoffe.

— A quoi peut-elle servir ?

— A faire un bel habit de fête au Seigneur, mais je crains que ta faible santé ne puisse supporter le travail.

— N'ayez pas cette crainte ; Dieu qui jusqu'à présent m'a donné le courage et la force, m'aidera encore à l'avenir.

— Lorsque tu auras terminé tes classes de latin, que voudras-tu faire ?

— Je désire ardemment embrasser l'état ecclésiastique.

— C'est bien; maintenant je veux savoir si tu as les dispositions nécessaires pour l'étude. Prends ce petit livre (*une livraison des Lectures Catholiques*), apprends cette page, et demain tu viendras me la réciter.

Puis, je lui laissai la liberté d'aller s'amuser avec les autres élèves et je me mis à causer avec son père.

Il ne s'était pas écoulé dix minutes, que Domenico vint à moi tout joyeux.

— Je sais, dit-il, la leçon que vous m'avez donnée. — A ma grande surprise je constatai que non-seulement il avait appris par cœur la page désignée, mais qu'il comprenait très-bien le sens des choses qu'elle contenait.

— Bravo, lui dis-je, puisque tu es en avance pour ta leçon, je veux l'être aussi pour la réponse. Oui, je te conduirai à Turin, et dès aujourd'hui tu est compté au nombre de mes chers enfants. Prie le Seigneur qu'il m'aide, ainsi que toi, à faire sa sainte volonté.

Domenico ne savait comment exprimer sa joie et sa reconnaissance. Il me prit la main qu'il baisa plusieurs fois en disant : J'espère me conduire de telle sorte que vous serez content de moi.

CHAPITRE VII.

Entrée de Domenico à l'Oratoire de St François de Sales.

C'est le propre de la jeunesse de changer souvent de goût et de résolution ; d'où il suit que tantôt elle veut une chose et tantôt une autre. Il faut donc veiller sur elle avec le plus grand soin, pour éviter qu'une éducation destinée à produire de bons fruits, n'aboutisse à de fâcheux résultats.

Il n'en fut pas ainsi de Domenico. Toutes les belles vertus de son enfance prirent avec l'âge un accroissement merveilleux, sans que jamais l'une portât tort à l'autre.

Dès qu'il fut arrivé dans la maison de l'Oratoire, il se rendit à la chambre du Supérieur afin de se mettre entièrement entre ses mains. Son regard s'arrêta sur une pancarte, où étaient écrites, en gros caractères, les paroles suivantes que St François de Sales avait coutume de répéter : *Da mihi animas, cœtera tolle.* Il les lut avec attention, et je l'invitai, je l'aidai même à les traduire afin d'en tirer ce sens : *O Seigneur, donnez-moi les âmes, et prenez tout le reste.* Il réfléchit un instant et dit: — Je comprends ; ce n'est pas de l'argent qu'on cherche à gagner ici, mais des âmes ; j'espère bien m'associer à ce divin commerce. »

Pendant quelque temps, sa manière de vivre fut tout ordinaire. Il s'appliquait avec zèle à ses devoirs et observait exactement les règles de la maison. Il écoutait les prédications avec délices. C'était un principe enraciné dans son cœur, que la parole de

Dieu sert de guide à l'homme dans le chemin du Ciel. Par conséquent, tout discours moral, tout catéchisme, toute conversation pieuse avaient pour lui des charmes; il en recueillait les maximes et les gardait fidèlement dans sa mémoire. Entendait-il une chose qu'il ne comprenait pas, il s'empressait d'en demander l'explication à ses Supérieurs, les conjurant en même temps de l'avertir toutes les fois qu'il paraîtrait oublier leurs conseils.

C'était en l'année 1854. — L'attente de la définition dogmatique de l'Immaculée Conception de Marie entretenait une agitation surnaturelle parmi les chrétiens du monde entier. Nous ne restâmes pas étrangers à ce mouvement religieux. Aux approches de la fête, le Directeur adressait tous les soirs quelques paroles aux élèves pour les engager à s'y préparer dignement. Il leur recommandait en particulier, de demander à l'Auguste Mère de Dieu, toutes les grâces dont chacun pouvait avoir besoin.

Cette grande Solennité fut célébrée dans la maison de l'Oratoire avec toute la pompe

que permettait notre humble condition. Savio
fut un de ceux qui l'avaient le plus ardemment
désirée. Il s'y était préparé par des actes
de vertu et par une confession générale
dont son âme avait retiré de grandes consolations. Le soir, après les cérémonies de
l'Eglise, de l'avis de son confesseur, il alla
devant l'autel de la Ste Vierge renouveler
les promesses faites à sa première Communion.

D'une voix ferme, il prononça plusieurs
fois les paroles suivantes : — *O Marie, je
vous donne mon cœur, faites qu'il soit tout
à Vous. Jésus, Marie, soyez toujours mes
amis. — Mais, de grâce, faites-moi mourir
plutôt que de commettre un seul péché.*

A partir de ce jour, la conduite de Domenico
devint si édifiante ; il pratiquait de tels actes
de vertu, que je résolus d'en prendre note
afin de ne pas les oublier.

CHAPITRE VIII.

Etude du latin. — Sa tenue en classe. — Curieux incidents.

Domenico avait étudié les principes du latin à Mondonio, en sorte que sa grande assiduité au travail et ses moyens peu ordinaires lui permirent d'être classé en quatrième, ou comme nous disons aujourd'hui, en seconde classe de grammaire latine.

Il eut pour Professeur, Joseph Bonzanino qui déclarait n'avoir jamais eu d'élève plus docile, plus attentif, plus respectueux que Savio. Ce saint jeune homme n'était point recherché dans ses vêtements et dans les soins de sa chevelure ; il gardait la modestie de son humble condition, mais sa politesse, ses manières honnêtes et le charme particulier de toute sa personne, attiraient à lui des jeunes gens de classe élevée qui aimaient à jouir de sa conversation sérieuse, édifiante et aimable tout à la fois.

Lorsqu'un Professeur remarquait un élève

trop causeur, il le plaçait à côté de Domenico, et celui-ci s'appliquait adroitement à le ramener au silence, à l'étude, à l'accomplissement de ses devoirs.

Pendant le cours de cette même année, la vie de Domenico nous offre un exemple d'héroïsme chrétien, à peine croyable dans un enfant de son âge.

Deux de ses camarades, après avoir échangé quelques paroles, en vinrent aux injures et finirent par décider qu'ils feraient valoir leurs raisons à coups de pierres. Domenico ayant découvert ce projet chercha le moyen de le faire échouer, ce qui était assez difficile, les deux rivaux étant plus forts et plus âgés que lui. Il essaya de les calmer par la persuasion, en leur faisant observer que la vengeance est contraire à la raison et à la sainte loi de Dieu. Il écrivit des lettres à l'un et à l'autre, et menaça d'avertir non-seulement le Directeur, mais encore les familles des jeunes gens.

Tout fut inutile.

Domenico, fort tourmenté, ne savait comment faire pour conjurer cette lutte sauvage, qui mettait le corps et l'âme en grand danger. Dieu lui inspira le moyen d'arriver à son but. Il attendit la fin de la classe et parla aux deux ennemis en particulier; puis il leur dit : Si vous ne voulez pas renoncer à votre projet brutal, acceptez au moins une condition.

— Nous l'accepterons, répondirent-ils, pourvu qu'elle n'empêche pas le combat; quelle est-elle?

— Je vous la ferai connaître sur le lieu même où vous devez vous mesurer à coups de pierres.

— Tu te moques de nous, ou tu veux mettre des entraves.

— Je ne me moque pas, soyez tranquilles ; mais je désire être avec vous.

— Tu voudrais peut-être appeler du monde ?

— Je le devrais, mais je ne le ferai pas ; seulement, gardez la parole que vous m'avez donnée.

On le lui promit, et ils se rendirent ensemble au lieu appelé *Prés de la Citadelle*, en dehors de la porte de Suse. Telle était la haine des deux rivaux, que Savio avait de la peine à les contenir pendant le court trajet qu'ils avaient à faire.

Arrivés à l'endroit désigné, ils se placèrent à une certaine distance l'un de l'autre, et prirent chacun cinq pierres dans les mains.

Savio les laissa faire ; puis, tirant un petit crucifix de sa poitrine et l'élevant au-dessus de sa tête il leur dit: « Avant le combat, vous devez remplir la condition acceptée. Je veux que, les regards fixés sur la croix, vous prononciez ces paroles : *Jésus-Christ, innocent, est mort en pardonnant à ses bourreaux : et moi, pécheur, je veux l'offenser en exerçant une abominable vengeance.* »

A ces mots, il va se mettre à genoux devant celui qui paraissait le plus furieux, et lui dit : C'est moi qui dois recevoir la première décharge ; fais pleuvoir sur ma tête une forte volée de pierres.

Le jeune homme, qui ne s'attendait pas à une semblable proposition, répondit *tout tremblant* : — Non, jamais, je n'ai rien contre toi, et je te protégerais plutôt si quelqu'un voulait t'outrager.

Domenico courut à l'autre rival et lui tint le même langage. Celui-ci, également déconcerté, assura qu'il ne pourrait se résoudre à lui faire du mal.

Alors, Domenico se releva, et d'un œil sévère quoique très-ému : — Comment, dit-il, vous êtes tous les deux disposés à me défendre, moi, misérable créature, et vous n'êtes pas capables de pardonner une insulte d'écolier, pour sauver votre âme qui a coûté le sang d'un Dieu, et vous allez la perdre en commettant ce péché ?

Il se tut, tenant toujours le crucifix d'une main élevée.

Les compagnons de Domenico, vaincus par tant de courage et de charité, se laissèrent attendrir. « En ce moment, assurait l'un deux, je sentis un frisson parcourir tous mes membres ; j'eus honte d'avoir obligé un tel ami à recourir à ces moyens extrêmes pour triompher de la haine impie qui nous dévorait : et, pour lui prouver mon repentir, je pardonnai de bon cœur à celui qui m'avait offensé. Ensuite, je le priai de m'indiquer un saint prêtre, et quelques jours après, nous allâmes, mon camarade et moi, nous réconcilier avec le Seigneur dont nous étions devenus les ennemis par nos désirs de vengeance. »

Domenico garda sur cette affaire un silence admirable, en sorte qu'on l'eût ignorée, si les intéressés eux-mêmes ne l'avaient racontée dans tous ses détails.

L'aller et le retour de l'école, très dangereux pour les enfants du village qui viennent dans les villes, fut pour notre prudent jeune homme un véritable exercice de vertu. Fidèle aux recommandations de ses Supérieurs, il rentrait chez lui sans jeter un coup d'œil, sans prêter l'oreille à quoi que ce soit ; et s'il voyait d'autres enfants s'amuser et courir, il s'éloignait d'eux. Un jour, il fut invité à faire une promenade sans permission ; une autre fois on lui conseilla de manquer la classe pour aller se divertir, mais il répondit toujours par un refus. Cependant, il eut le malheur de rencontrer quelques camarades qui le firent tomber dans un piège. Déjà il consentait à les accompagner lorsque, ayant à peine parcouru un petit bout de chemin, il s'arrêta et dit : « Nous faisons une chose qui déplait à Dieu et à nos supérieurs ; je me repens de vous avoir écoutés ; notre devoir est d'aller à l'école et je ne veux pas y manquer ; une autre fois, si vous me donnez de mauvais conseils, vous cesserez d'être mes amis. »

Ces jeunes gens profitèrent de la leçon ; ils suivirent Domenico à l'école, et ne cherchèrent plus dans la suite à l'entraîner avec eux.

A la fin de l'année, grâce à sa bonne conduite et à son application, notre cher élève mérita d'être compté parmi les meilleurs de la classe supérieure. Mais sa santé paraissant affaiblie, on jugea à propos de lui faire suivre les cours, en particulier, dans la maison de l'Oratoire, afin de le gouverner pour l'étude, le repos et la récréation.

On obtint, par ce moyen, une amélioration suffisante dans l'état de Domenico pour lui permettre de faire sa première année d'humanités auprès du digne professeur Don Picco Matteo, qui, ayant entendu parler de ses belles qualités, l'admit volontiers gratuitement dans son Institution, une des meilleures de la Ville.

Cette époque de la vie de Savio nous fournira bien des traits édifiants que nous ferons connaître à mesure que se présenteront les faits auxquels ils se rattachent.

CHAPITRE IX.

Sa résolution de devenir Saint.

Après avoir donné un aperçu des études de Domenico dans les classes de latinité, nous parlerons de la résolution qu'il prit de devenir saint.

Il était à l'Oratoire depuis six mois, lorsqu'on fit dans cette maison une instruction sur les moyens de parvenir à la sainteté. Le prédicateur s'attacha particulièrement à développer trois pensées, qui laissèrent une profonde impression dans l'esprit et le cœur de Domenico, savoir : *Dieu veut que nous soyions saints — il est facile d'y réussir — une grande récompense est réservée à ceux qui travaillent à leur sanctification.*

Pendant quelques jours, notre pieux écolier fut plus silencieux et moins gai que de coutume; ses camarades s'en aperçurent, et moi aussi. Il me vint à l'idée que sa mauvaise santé pouvait bien être la cause d'un tel changement, et je lui demandai s'il éprouvait quelque mal.

— Non, répondit-il, j'éprouve au contraire un grand bien.

— Que-veux tu dire ?

— Je veux dire que je sens un besoin, un désir extraordinaire de devenir saint, depuis que j'ai compris qu'on pouvait l'être sans rien perdre de sa gaîté. Comment dois-je m'y prendre pour commencer une semblable entreprise ?

Je le louai de ses bonnes intentions, mais je l'exhortai à ne pas s'inquiéter, parce que le trouble de l'âme empêche de reconnaître la voix du Seigneur, ajoutant que je posais pour première condition une joie constante et modérée, la persévérance dans l'accomplissement de ses devoirs, et sa présence aux récréations, comme à l'ordinaire.

Un jour, je l'avertis que je voulais lui faire un présent de son goût, dont il aurait le choix.

— La seule chose que je désire, répondit-il sans hésiter, est que vous fassiez de moi un saint ; je veux me donner tout au Seigneur et pour toujours ; si je ne suis pas un saint, je ne suis rien.

Un jour le Directeur voulant donner une preuve d'affection particulière aux jeunes gens de la maison, leur permit de désigner, par un billet, ce qu'ils pourraient souhaiter, promettant d'accorder autant

que cela lui serait possible. On peut s'ima-
giner facilement les demandes extrava-
gantes et ridicules faites par les uns et par
les autres. Savio ayant pris un morceau de
papier, écrivit ces mots : « Je désire que
vous sauviez mon âme et que vous fassiez
de moi un saint. »

Une autre fois, on s'occupait dans la conversation à expliquer l'étymologie de certains mots. — *Et Domenico*, dit-il, qu'est-
ce que cela signifie ?

On lui répondit : *Domenico* veut dire *du
Seigneur*. — Voyez, reprit-il aussitôt, si
je n'ai pas raison de chercher à me sanctifier ; tout, jusqu'à mon nom, indique que
j'appartiens au Seigneur et que je dois lui
être entièrement consacré.

Ce désir passionné pour la sainteté ne
prouvait pas que jusque là Domenico n'eût
vécu saintement ; mais il parlait ainsi parce
qu'il aurait voulu faire de rudes pénitences,
passer de longues heures en prières, toutes
choses que son Directeur lui avait défendues
comme étant incompatibles avec son âge, sa
santé et ses occupations.

CHAPITRE X.

Son zèle pour le salut des âmes.

Le premier conseil donné à Domenico pour parvenir à la sainteté, fut de l'engager à travailler au salut des âmes. Il comprit l'importance de cette œuvre et résolut de s'y dévouer. On l'entendit répéter souvent : *Que je serais heureux de gagner à Dieu tous mes camarades !*

En attendant, il ne laissait échapper aucune occasion de leur être utile et de les porter au bien, par ses paroles et par ses exemples. Il ne pouvait entendre blasphémer ni prononcer le nom de Dieu en vain, sans en éprouver une horreur et une souffrance qui nuisaient à sa santé. Le cœur percé de douleur, il baissait la tête et disait avec dévotion : *Loué soit Jésus-Christ !*

Un jour qu'il traversait une des places de la ville, son compagnon le vit ôter son chapeau et murmurer comme une prière à voix basse. « Que fais-tu, lui dit-il, que dis-tu ? — J'essaie de réparer l'outrage fait à Dieu par ce charretier qui vient de prononcer d'affreuses paroles ; si j'avais l'espoir d'être écouté, je lui demanderais en grâce de ne plus recommencer ; mais, dans la crainte d'exciter encore sa colère, je me contente de dire : *Loué soit Jésus-Christ !* »

Une autre fois, Domenico se rendant à l'école, entendit un homme âgé prononcer un blasphème épouvantable qui le fit frissonner. Il commença par louer Dieu, et courant ensuite vers l'inconnu, il le pria respectueusement de lui indiquer l'Oratoire de St François de Sales. A cet air angélique, le furieux se calma.

— Je ne le sais pas, cher enfant, et j'en suis bien fâché, répondit-il.

— Oh, si vous ne savez pas cela, vous pouvez du moins me faire un autre plaisir.

— Bien volontiers, parle.

Domenico s'approcha et lui dit doucement à l'oreille, de manière à n'être entendu de personne : Je serais content si, dans vos moments de colère, vous disiez toute autre chose plutôt que de profaner le saint nom de Dieu !

— Bravo, mon ami, dit le vieillard plein de stupeur et d'admiration ; tu as raison ; c'est un vice maudit dont je veux me débarrasser à quelque prix que ce soit.

Il arriva un jour qu'un enfant de neuf ans se prit de querelle avec un de ses camarades, à la porte de l'Oratoire, et s'oublia jusqu'à prononcer le nom adorable de Jésus-Christ ! Domenico l'ayant entendu surmonta son émotion, et vint se placer entre les deux combattants pour les mettre d'accord. Puis, s'adressant au petit blasphémateur : Suis-moi, dit-il, tu seras content. Et, le prenant par la main, il le conduisit à l'église, et le fit mettre à genoux devant l'Autel pour demander pardon à Dieu de l'avoir offensé. Comme l'enfant ne savait pas l'acte de contrition, Domenico le récita avec lui et ajouta : Dis encore ces paroles, pour bien effacer ton injure : *Loué soit Jésus-Christ ! Que son saint et adorable nom soit toujours béni !*

Il lisait de préférence la vie des saints

qui ont travaillé d'une manière spéciale au salut des âmes. Il aimait à parler des Missionnaires qui abandonnent leur famille et leur patrie pour aller prêcher l'Evangile dans les pays lointains ; et, ne pouvant leur envoyer des secours matériels, il priait chaque jour pour eux; il faisait à leur intention une communion par semaine.

Plusieurs fois je l'entendis s'écrier : « Combien d'âmes en Angleterre attendent notre secours ! Si j'avais la force et la vertu, je partirais à l'instant même, et par les prédications et les bons exemples je tâcherais de les attirer toutes au Seigneur ! »

Il gémissait en lui-même et avec ses camarades du peu de zèle que mettent bien des gens à instruire les petits enfants des vérités de la foi. « Dès que je serai clerc, disait-il, j'irai à Mondonio rassembler les enfants sous un hangar pour leur faire le catéchisme. Je leur raconterai la vie des saints de leur âge, afin qu'ils cherchent à les imiter. »

Domenico joignait les actes aux paroles.

Il faisait volontiers la classe à ceux qui le désiraient, uniquement pour parler des choses spirituelles et montrer l'obligation de suivre la voie des commandements de Dieu.

Un jour que ses camarades l'entouraient à la récréation pour écouter une histoire édifiante, l'un d'eux, mal disposé, l'interrompit en disant : Quel intérêt as-tu donc à t'occuper de nous ? — L'intérêt de vos âmes, répondit vivement Domenico, parce qu'elles sont marquées du sang de Jésus-Christ et que nous sommes frères : à ce titre nous devons nous aimer et nous aider réciproquement à gagner le Ciel ; et puis, si je réussis à sauver une âme, je mets en sûreté le salut de la mienne.

Le zèle du vertueux écolier n'était point ralenti pendant les courtes vacances qu'il passait à la maison paternelle. Toutes les récompenses obtenues par sa bonne conduite, telles que crucifix, médailles, images, étaient mises en réserve pour ce moment-là. Il avait même l'habitude, avant de partir, de demander ces sortes d'objets à ses Supérieurs, afin de pouvoir contenter ses amis. A peine arrivé au village, on le voyait entouré d'enfants souvent plus âgés que lui, qui éprouvaient un vrai plaisir à le revoir.

Il leur distribuait ses petits présents en temps opportun, et les excitait à se tenir attentifs aux questions qu'il leur adressait, tantôt sur le catéchisme, tantôt sur les devoirs de classe. Avec ces moyens aimables, Domenico en attirait toujours quelques uns à la Messe et aux autres cérémonies de l'Eglise. Je sais positivement qu'il mit un temps considérable à instruire un enfant. « Si tu réussis, lui disait-il, à bien faire le signe de la croix comme je le désire, tu auras une médaille, et je te ferai donner un joli livre par un Prêtre que je connais. » Il tenait beaucoup à ce que le signe de notre Rédemption fût fait avec de grands sentiments de respect et de foi.

En outre de ses occupations ordinaires, Domenico prenait soin de ses deux petits frères, auxquels il enseignait la lecture, l'écriture et le catéchisme. Il les aidait à faire leur prière du matin et du soir, et les conduisait à l'église, afin de les habituer au recueillement que l'on doit avoir en présence de Dieu. Il faisait chaque jour une visite au Saint Sacrement, et c'était pour lui un véritable gain de décider quelques uns de ses camarades à lui tenir compagnie. On peut dire avec vérité, qu'il ne laissait échapper aucune occasion de donner un bon conseil, ou de faire une bonne œuvre.

CHAPITRE XI.

Episodes — beaux traits.

La pensée de gagner des âmes à Dieu accompagnait partout Domenico. Il ne disait et ne faisait rien que ne tendît à ce but surnaturel. Instruit des principes de la bonne éducation, il n'interrompait jamais ceux qui parlaient. En récréation, lorsque ses camarades gardaient le silence, il mettait aussitôt en avant des questions d'histoire, de géographie, ou tout autre sujet intéressant. Mais s'il arrivait que la conversation prît une tournure peu convenable, il la détournait adroitement par une plaisanterie, une fable, un mot pour rire, empêchant ainsi que Dieu ne fût offensé.

Son air gai, son caractère vif, le rendaient cher à ceux mêmes qui aimaient le moins la piété, et leur faisait prendre en bonne part les avis qu'il donnait de temps en temps.

Un de ses amis ayant l'intention de se masquer, Domenico usa de toute son influence pour le détourner de ce projet. Serais-tu content, lui disait-il, de devenir tel que tu veux t'acccoutrer : un long nez, deux cornes au front et un habit de charlatan ? — Mais non, dit l'autre. — Eh bien, reprit Domenico, si tu ne désires pas un semblable visage, pourquoi veux-tu en prendre l'apparence et défigurer les beaux traits que Dieu t'a donnés ?

Pendant la récréation, un homme s'introduisit un jour au milieu des élèves, et se mit à parler d'une voix si haute que tous les enfants pouvaient l'entendre. Il raconta des choses grotesques pour les attirer et les faire rire. Mais, à peine se vit-il maître de son auditoire, que le rusé fripon changea de discours. Les choses les plus saintes, les ecclésiastiques les plus vénérables furent tournés en ridicule. Quelques jeunes gens, ne pouvant supporter de telles impiétés et n'ayant pas le courage de protester, s'éloignèrent. Domenico arriva par hasard. Il n'eut pas plutôt compris les intentions de ce misérable, que foulant aux pieds tout respect humain : « Allons-nous-en, dit-il à ses camarades, n'écoutons pas cet émissaire du démon, car il en veut à nos âmes. » En un instant, l'inconnu fut abandonné de tous, et il disparut sans qu'on le revît jamais.

En été une bande d'enfants voulaient aller se baigner aux environs de Turin, où les eaux profondes et d'un cours impétueux offrent de grands dangers. Domenico essaya de les retenir en leur racontant des historiettes amusantes, mais lorsqu'il comprit que ses efforts seraient inutiles : Je ne veux pas vous laisser partir, leur dit-il d'un ton résolu. — Nous ne faisons pas de mal. — Vous désobéissez à vos supérieurs et vous courez le risque de mourir dans l'eau : est-ce bien ?

— Mais nous avons très-chaud !

— Si vous ne pouvez supporter la chaleur de ce monde, comment supporterez-vous les feux de l'enfer que vous cherchez à mériter ?

Touchés de ces réflexions, les petits imprudents changèrent d'avis, et, après s'être mêlés aux jeux de la récréation, ils allèrent assister aux saints offices.

Un certain nombre de jeunes gens de l'Oratoire formèrent une association dans le but de convertir leurs compagnons les plus indisciplinés. Domenico en faisait partie. Lorsqu'il avait des fruits, des dragées, ou toute autre chose : Qui le veut? qui le veut? disait-il en montrant l'objet. — Moi, moi, s'écriait-on de toutes parts en courant vers lui.

Doucement, reprenait-il ; je le garde pour celui qui répondra le mieux à une demande du catéchisme . Et il interrogeait les moins sages ou les plus étourdis. Si la réponse était à peu près satisfaisante, il accordait bien vite la récompense promise.

Domenico agissait encore d'une autre manière pour arriver à son but. Il jouait avec ceux qu'il désirait convertir, et lorsque la partie était très animée, il s'arrêtait tout-à-coup et priait son camarade de l'accompagner au confessionnal, à une époque indiquée. Celui-ci, partagé entre le désir de continuer le jeu et la crainte de déplaire à son ami, faisait une promesse qu'il ne tenait pas toujours. Mais, semblable au chasseur poursuivant sa proie, Domenico ne le perdait pas de vue ; il comprenait son hésitation et lui disait : Pauvre enfant, tu cèdes au démon qui veut te perdre ! Voyons, prends courage et va te confesser ; tu verras de quelle joie ton cœur sera rempli. — Et les douces insinuations de Domenico triomphaient souvent du mauvais vouloir et des natures les plus rebelles à toute espèce de prédication.

Dans les communautés de jeunes gens, il n'est pas rare de voir les plus disgrâciés de la nature, les plus ignorants ou les plus grossiers, mis de côté par leurs camarades. Ces pauvres êtres souffrent de leur isolement, lorsqu'ils auraient un si grand besoin d'être consolés. Domenico les choisissait de préférence pour amis ; il les égayait dans leurs tristesses et les soutenait dans leurs découragements. Les malades, connaissant sa bonté, le demandaient pour infirmier, en sorte qu'il trouvait continuellement l'occasion de pratiquer la charité envers le prochain et d'accroître ses mérites devant Dieu.

CHAPITRE XII.

Son esprit de prière — Sa dévotion à la Sainte Vierge.

Parmi les dons que Savio reçut de la libéralité divine se distinguait celui de la ferveur dans la prière. Il avait une telle habitude de converser avec Dieu que ni le lieu, ni le tumulte, ne pouvaient troubler son recueillement. Jamais il ne s'arrêtait devant les spectacles publics pour les regarder. Interrogé par ses camarades, il déclarait n'avoir rien vu. L'un d'eux, dans une espèce de colère, lui dit sur le ton du reproche : Que fais-tu de tes yeux, puisqu'ils ne te servent pas pour admirer les belles choses?

— Ils me serviront, répondit-il, pour voir la Vierge Marie, si j'ai le bonheur d'aller au Ciel.

Lorsque le pieux enfant entrait dans une église, il allait s'agenouiller devant l'autel consacré à cette bonne Mère, pour lui demander la grâce de conserver son cœur pur de toute affection terrestre. Il faisait chaque jour des prières en son honneur et cherchait à communiquer sa dévotion aux autres. Ayant invité un de ses camarades à réciter avec lui les Vêpres de la Ste Vierge, celui-ci se rendait à la Chapelle de mauvaise grâce, alléguant le froid aux mains. Domenico lui donna aussitôt ses gants et le mantelet qui couvrait ses épaules, afin de lui ôter tout prétexte de s'en aller.

Sa piété envers sa chère protectrice augmentait encore pendant le mois de Mai. Les élèves de son dortoir eurent l'idée de faire un beau petit autel dont chacun paierait sa part de frais. Domenico n'avait pas d'argent, mais avec la permission de ses Supérieurs, il offrit un livre reçu en prix. Voilà, dit-il, mon offrande, tirez-en le parti que vous pourrez.

Les jeunes gens touchés de cet acte généreux voulurent l'imiter. On organisa une petite loterie dont le produit fut assez abondant pour couvrir les dépenses, et la fête fut célébrée avec le plus grand éclat.

CHAPITRE XIII.

Son attrait pour la Confession et la Communion.

L'expérience prouve que les plus forts soutiens de la jeunesse sont les sacrements de Pénitence et d'Eucharistie. Ceux qui les fréquentent arriveront à la fin de leur carrière, ayant toujours donné le bon-exemple, et exercé autour d'eux une salutaire influence.

Lorsque Domenico vint habiter l'Oratoire, il entendit cette maxime proclamée du haut de la chaire : « Jeunes gens, si « vous voulez persévérer dans la voie du « bien, retenez ces trois recommandations : « *Confessez-vous souvent ; faites la Ste* « *Communion ; choisissez un bon confesseur* « *et ne le quittez pas sans nécessité.* »

Il comprit la valeur de ces conseils, et les mit en pratique pendant tout le temps qu'il resta au milieu de nous.

« Le Confesseur, disait-il, est le médecin de l'âme; il ne faut pas en changer lorsqu'on a confiance en lui. Si j'ai des peines, je vais trouver le mien et j'écoute sa voix comme si Dieu lui-même parlait. Je reçois tous les jours l'Hostie sainte, c'est-à-dire le corps, le sang, l'âme et la Divinité que Jésus-Christ offrit au Père Eternel sur la croix. Il ne me manque, pour être heureux, que de voir à découvert Celui que je contemple des yeux de la foi, et que j'adore dans le Tabernacle. »

Ces grandes et belles pensées donnaient à Domenico une douce gaieté, un calme céleste qui se réflétait sur son visage et dans toutes ses actions.

Sa conduite était irréprochable. J'ai invité ses condisciples à me dire si, pendant les trois années qu'il vécut au milieu d'eux, ils avaient remarqué un défaut à corriger, une vertu à désirer.

Tous ont déclaré qu'ils n'avaient pu découvrir en lui aucune imperfection.

Il se préparait à la Communion d'une manière édifiante. La veille, avant de se coucher, il faisait une prière qu'il terminait toujours ainsi : Loué et remercié soit à tout moment, le très saint et très divin Sacrement !

Quant à son action de grâces, elle était si recueillie, si fervente, qu'il oubliait le déjeûner, la récréation et jusqu'à la classe, absorbé qu'il était dans la communication intime de son âme avec Dieu.

Afin de rendre ses communions plus fructueuses, Domenico avait pour chaque jour une intention particulière. Voici comment il les distribuait :

Dimanche, — en l'honneur de la Ste Trinité.

Lundi, — pour ses bienfaiteurs spirituels et temporels.

Mardi, — pour honorer son Ange Gardien et St Dominique.

Mercredi, — pour la conversion des pécheurs.

Jeudi, — pour le soulagement des âmes du Purgatoire.

Vendredi, — en souvenir de la Passion de N. S. J. C.

Samedi, — en l'honneur de la Sainte Vierge, afin d'obtenir sa protection pendant la vie et à la mort.

Il prenait part avec des transports de joie à toutes les cérémonies qui regardaient le Très Saint Sacrement. Lorsqu'on portait le Viatique aux malades, il s'agenouillait sur son passage, en quelque lieu qu'il se trouvât, même dans la boue.

Un de ses amis lui fit observer que Dieu ne demandait pas de pareilles choses, et qu'il fallait éviter de salir ses habits. Domenico répondit simplement : Genoux et pantalons, tout appartient au Seigneur et doit, par conséquent, servir à son honneur et à sa gloire. Quand il passe près de moi, non-seulement je me jetterais dans la boue pour lui rendre hommage, mais je me précipiterais dans une fournaise pour être embrasé du feu de sa charité Divine, et de son immense amour pour les hommes.

Dans une rencontre semblable, Domenico vit un soldat rester debout au passage du Saint-Sacrement.

N'osant pas l'avertir de son manque de respect, il étendit par terre son petit mouchoir et lui fit signe de s'en servir. Le militaire, d'abord un peu confus, laissa de côté le mouchoir, et se mit à genoux au milieu du chemin.

A la solennité de la *Fête-Dieu*, Savio, habillé en clerc avec plusieurs de ses camarades, était envoyé à la procession de la paroisse. Il regardait cette faveur comme la plus grande qu'on pût lui faire.

CHAPITRE XIV.

Ses pénitences.

L'état maladif de Domenico, son jeune âge, l'innocence de sa vie, l'auraient certainement dispensé de toute sorte de pénitence. Mais il savait qu'on ne peut conserver la pureté de l'âme sans la mortification. Dans sa ferveur, il aurait voulu jeûner pendant le carême et, le samedi, se contenter de pain et d'eau, en l'honneur de la Sainte Vierge. Mais on le lui défendit pour éviter la ruine complète de sa mauvaise santé. Que faire alors? Empêché de se priver de nourriture, il mit dans son lit de petits éclats de bois et de briques afin de souffrir pendant le sommeil. En hiver, il n'augmenta pas les couvertures de son lit. Un matin, le Directeur sachant qu'il était malade, alla le visiter et le trouva tout pelotonné et tout transi. — Tu veux donc mourir de froid? lui dit-il. — Non, répondit Domenico, je ne mourrai pas de froid. Jésus, dans la grotte de Bethléem et sur la croix, était encore moins couvert que je ne le suis.

A partir de ce moment, il lui fut absolument interdit de se livrer à aucune mortification sans la permission expresse de ses Supérieurs. Cet ordre lui fut pénible, mais il s'y soumit. Je le rencontrai un jour tout affligé. Voyez ma perplexité, dit-il; le Sauveur affirme que si je ne fais pénitence, je ne puis aller en Paradis, et les pénitences me sont défendues. — Ce que Dieu demande de toi, lui répondis-je, c'est l'obéissance.

Je te permets de souffrir patiemment les injures, de supporter avec résignation le froid et le chaud, la fatigue et les malaises de ta faible santé.

— Mais on souffre toutes ces choses par nécessité !

— Eh bien, supporte-les pour l'amour de Dieu, et elles se changeront en vertus et en mérites pour toi.

Content de ces avis, il se retira tranquille.

CHAPITRE XV.

Ses mortifications extérieures.

Quiconque regardait Domenico trouvait un si grand naturel dans toute sa personne, qu'il semblait avoir été créé ainsi par le Seigneur. Mais ceux qui furent chargés de son éducation, peuvent assurer qu'il eut à faire de grands efforts pour coopérer à la grâce de Dieu.

Il avait les yeux très-vifs, et ne pouvait les tenir recueillis sans se faire violence, ce qui, au commencement, lui donnait de grands maux de tête.

Les yeux, avait-il coutume de dire, sont deux fenêtres. Par les fenêtres passe ce qu'on y fait passer. Nous pouvons donc faire entrer dans notre cœur un ange ou un démon, et amener l'un ou l'autre à s'en rendre maître.

Un jeune homme, étranger à la maison, commit l'imprudence d'apporter avec lui un journal rempli de gravures inconvenantes et irréligieuses. De tous côtés les enfants accouraient pour les regarder et Domenico les suivit, croyant que l'on montrait des images de dévotion. Mais lorsqu'il les vit de près, il fit un mouvement de surprise et s'emparant de la feuille en riant, il la mit en pièces. Ses camarades stupéfaits le regardaient avec étonnement.

— Malheureux que vous êtes, dit alors Domenico, le Seigneur vous a donné des yeux pour contempler la beauté de ses créatures, et vous les arrêtez sur des œuvres abominables inventées par la malice des hommes!

Avez-vous donc oublié ce qui nous a été

répété tant de fois dans les prédications, qu'un seul mauvais regard peut souiller et perdre nos âmes?

— Mais c'est pour rire toutes ces choses, répondirent quelques enfants.

— Oui, pour rire, et en riant vous prenez le chemin de l'enfer ; rirez-vous encore si vous avez le malheur d'y tomber?

— Nous ne voyons aucun mal dans ces gravures, reprit un autre.

— C'est bien pire alors, car vous montrez que vous êtes habitués à de semblables horreurs, et, loin de vous excuser, cette habitude vous rend plus coupables. O Job! ô Job! tu étais vieux et saint; tu étais étendu sur un fumier, accablé par la maladie, et cependant tu fis un pacte avec tes yeux pour leur ôter toute liberté en ce qui pouvait blesser la modestie!

Domenico se tut, et personne n'osa le blâmer ni lui faire d'observation.

Il avertit un jour un de ses amis d'une mauvaise habitude. Celui-ci, au lieu de se montrer reconnaissant, l'accabla d'injures et

le frappa à coups de pieds. Notre patient
jeune homme n'exerça d'autre vengeance que
celle du chrétien. Le sang lui monta bien
à la tête, mais il réprima sa colère et se
contenta de dire: Tu as mal fait, je te
pardonne ; n'agis pas ainsi avec les autres.

Dans les établissements consacrés à l'instruction de la jeunesse, il se trouve toujours
des mécontents qui se plaignent de la dis-
cipline, du travail, de la nourriture, et cherchent sans cesse à critiquer et à murmurer.
De semblables sujets sont un fléau pour les
Supérieurs, parce qu'ils portent préjudice à la
Communauté. Domenico avait une conduite
bien opposée ; il se montrait toujours satisfait
de ce qu'on lui servait à table, et trouvait
adroitement le moyen de se mortifier. Lorsqu'un mets était jugé trop cuit ou trop cru,
trop salé ou trop fade, il déclarait au contraire le trouver de son goût. On le voyait
au réfectoire, après le départ de ses camarades, ramasser les miettes tombées par terre
et les manger comme une chose délicieuse.
A ceux qui lui témoignaient de l'étonnement,

il répondait, pour cacher son esprit de pénitence : Les pains ne se mangent pas en-
tiers, et lorsqu'ils sont réduits en petits brins,
c'est un travail déjà fait pour les dents.

Les restes des repas, qui auraient inspiré
du dégoût aux autres, il les recueillait avec
soin en disant : Tout ce que nous avons en
ce monde est un don précieux du Seigneur,
et de tous ces dons, le plus grand, après sa
grâce, est l'aliment qui nous conserve la vie.

Domenico regardait comme un agréable
passe-temps de balayer, de rendre aux malades les services les plus bas. Que chacun
fasse ce qu'il peut, avait-il coutume de dire,
pour moi, je suis incapable de grandes choses;
mais j'espère que Dieu dans son infinie bonté,
voudra bien agréer mes pauvres petites actions.

Manger des choses contraires à son goût;
refuser celles qu'il aimait ; supporter les
odeurs désagréables ; renoncer à sa propre
volonté et souffrir patiemment, telles sont
les vertus que notre jeune et fervent écolier
pratiquait chaque jour, ou pour mieux dire,
à chaque instant.

CHAPITRE XVI.

Association de l'Immaculée-Conception.

La vie de Domenico fut un exercice perpétuel de dévotion envers la Ste Vierge. Après la définition du dogme de l'Immaculée-Conception, il voulut en perpétuer le souvenir parmi nous, d'une manière vivante. Dans ce but, il choisit plusieurs de ses camarades disposés à s'unir à lui, pour former une association portant le titre auguste que l'Eglise venait de décerner à la Reine du Ciel. Voici les principaux articles du règlement qu'il rédigea, et qui fut adopté après avoir été soumis aux supérieurs :

— Union des associés par les liens de la charité la plus étroite.

— Obéissance parfaite ; — observance rigoureuse des règles de la maison.

— Fidélité à remplir ses devoirs; — affection fraternelle pour tous indistinctement.

— Conduite édifiante et tenue exemplaire.

— Fréquentation des Sacrements aussi souvent que le Directeur le permettra.

— Bon emploi du temps, afin d'éloigner les tentations que fait naître l'oisiveté.

— Récitation du Rosaire ; les associés se consacreront de nouveau, tous les samedis, à la Ste Vierge, et porteront sur eux une pieuse médaille. Ils lui témoigneront une confiance sans bornes, une tendresse filiale, afin de mériter sa puissante protection pendant la vie, et surtout à l'heure de la mort.

Le Supérieur de l'Oratoire approuva ce règlement aux conditions suivantes :

— Les promesses des associés n'auront pas force de vœu ; elles n'obligeront même pas sous peine de péché quelconque.

— Dans toutes les réunions, qui auront lieu une fois par semaine, on indiquera les actes extérieurs de charité à faire, comme d'approprier l'église, d'enseigner le catéchisme aux enfants ignorants, de procurer des secours aux malheureux, etc.

— Les communions seront distribuées de manière qu'il y en ait quelques unes tous les jours.

— Aucune pratique religieuse ne pourra être ajoutée sans la permission expresse du Supérieur.

— Le but fondamental de l'œuvre sera de propager la dévotion envers la Sainte Vierge et le Très Saint Sacrement.

Domenico fut un des membres les plus zélés de l'Association. Il se comportait en docteur dans les conférences présidées et dirigées par les jeunes gens eux-mêmes.

Plusieurs de ses amis marchèrent sur ses traces ; mais, comme ils vivent encore, nous jugeons prudent de ne les point nommer. Nous parlerons seulement de Gavio Camillo, de Massaglia Giovanni et de Joseph Bongiovanni, parce que tous les trois ont déjà reçu la récompense éternelle.

Gavio ne resta que deux mois avec nous; mais ce court espace de temps suffit pour laisser un souvenir ineffaçable de sa sainteté.

Doué d'un talent supérieur en peinture et en sculpture, la municipalité de Turin se décida à lui venir en aide afin qu'il pût continuer ses études artistiques. Arrivé à l'Oratoire, il passait les récréations à regarder les autres s'amuser, peut-être à cause de son état maladif, ou de son éloignement de la maison paternelle. Domenico remarqua son air pensif, et vint aussitôt près de lui en disant :

— Eh bien, mon cher, tu ne connais encore personne ?

— C'est vrai, mais vos jeux me donnent autant de distraction que si j'y prenais part.

— Quel âge as-tu ?

— Quinze ans accomplis.

— Tu parais triste : serais-tu souffrant ?

— Oui, j'ai fait une maladie qui m'a conduit aux portes du tombeau, et je ne suis pas encore bien rétabli.

— Tu voudrais sans doute guérir ?

— Pas précisément ; j'aime mieux m'abandonner à la volonté de Dieu.

Ces paroles qui annonçaient une piété peu commune remplirent de joie le bon Domenico. Il continua ainsi :

— Celui qui cherche avant tout la volonté de Dieu travaille à sa sanctification. Tu veux donc devenir un saint ?

— Je le désire ardemment.

— Tant mieux : le nombre de mes amis va s'accroître. Dès aujourd'hui tu prendras part à nos bonnes œuvres et à tous nos pratiques de dévotion.

— Bien volontiers, que faut-il faire ?

— Je vais te le dire en deux mots ; notre premier soin est d'éviter le péché comme un ennemi, car il ôte la grâce de Dieu et la paix du cœur ; ensuite, nous tâchons de remplir exactement nos devoirs et d'être toujours contents. Voici une maxime que tu devras mettre en pratique pour entrer dans l'esprit de notre association : *servite Domino in lœtitia* ; servez le Seigneur avec allégresse.

Cette conversation fut un baume qui pénétra l'âme de Gavio et la réconforta pleinement. Il devint l'ami de Domenico et l'imitateur de ses vertus ; mais la maladie dont il portait le germe reparut au bout de deux mois. Tous les efforts des médecins, unis aux soins les plus dévoués, ne purent s'en rendre maîtres. En quelques jours son état devint si grave, qu'on jugea nécessaire de lui administrer les derniers sacrements.

Il expira le 30 Décembre 1856.

Domenico s'était offert pour le soigner, mais il ne put en obtenir la permission. Lorsqu'il apprit sa mort, il voulut le voir une dernière fois et vint s'agenouiller auprès du lit mortuaire avec quelques uns de ses camarades. « Je suis intimement persuadé, leur dit-il, que Gavio est au Ciel ; toutefois, ne cessons pas de prier pour le repos de son âme, et tout ce que nous ferons pour lui, Dieu permettra un jour que d'autres le fassent pour nous. »

CHAPITRE XVII.

Ses amitiés particulières.

Un de ceux qui aidèrent le plus efficacement Domenico à fonder l'association de l'Immaculée-Conception et à rédiger le règlement, fut Joseph Bongiovanni.

Ce jeune homme, orphelin de père et

de mère, avait été recommandé au Directeur de l'Oratoire, qui le reçut charitablement en novembre 1854. Il avait alors 17 ans et vint bien malgré lui, forcé par les circonstances, l'esprit tout imprégné des fausses doctrines du monde et de préjugés contre la religion. En peu de temps, il fut transformé par l'action de la grâce, au point de s'affectionner grandement à la maison et aux supérieurs. Il rectifia ses idées et se donna de tout cœur à l'acquisition des vertus et aux pratiques de piété. Son esprit perspicace, sa grande facilité pour apprendre, lui firent parcourir les différentes classes avec une incroyable rapidité. Imagination ardente, il cultiva la poésie avec succès. Une de ses productions en l'honneur de la Ste Vierge, *Salve, salve, pietosa Regina*, a été insérée dans le *Giovane Provveduto* (La Jeunesse instruite).

Joseph se sentit appelé à l'état ecclésiastique. Encore simple clerc, on remarquait sa fidèle observance des règles et sa charité pour ses compagnons. A l'exemple de Domenico, il obtint du supérieur la permission de fonder une association du Très Saint Sacrement. Elle avait pour but de choisir les élèves les plus vertueux, et d'en former un petit clergé destiné à rehausser la majesté et la grâce des cérémonies religieuses. Elevé à la Prêtrise en 1863, il redoubla d'activité et obtint pour son œuvre des résultats merveilleux. On peut dire que si la Congrégation de St François de Sales a donné en peu de temps un nombre aussi considérable de Ministres des Autels, c'est au zèle de Joseph Bongiovanni pour le petit clergé, qu'elle en est en partie redevable.

Son amour pour la Sainte Vierge se manifesta d'une manière particulière à la Consécration de l'église du Valdocco, dédiée à Notre-Dame Auxiliatrice. Il n'épargna ni soins, ni fatigues, pour donner à cette solennité une pompe extraordinaire. La Mère de Dieu, agréant sa générosité et sa ferveur obtint pour lui une prompte récompense. Mais auparavant, il fut soumis à une épreuve qui devait augmenter ses mérites.

Le jour même de la fête, 9 juin, il tomba malade et ne put jouir du fruit de ses travaux. Son plus grand désir était cependant de célébrer les saints mystères dans la nouvelle Eglise, au moins une fois pendant l'Octave. Cette faveur lui fut accordée, car il retrouva subitement les forces nécessaires pour monter à l'Autel. Après la Messe, il dit à ses amis: Je suis content, je peux chanter le Nunc dimittis. La chose eut lieu ainsi. Pris d'une défaillance, l'abbé Joseph Bongiovanni se mit au lit pour ne plus le quitter. Quelques jours après, muni des derniers sacrements, il rendait sa belle âme à Dieu, entouré de ses confrères et assisté de son bien aimé Directeur.

Les relations de Domenico avec Massaglia furent plus longues et plus intimes. Presque compatriotes, ils vinrent en même temps à l'Oratoire. Tous les deux avaient le désir d'embrasser l'état ecclésiastique et de parvenir à la sainteté. Il ne suffit pas de vouloir être Prêtres, disait Domenico, nous devons acquérir les vertus nécessaires à cette sainte vocation.

—Tu as raison, répondait Massaglia, mais si nous faisons tout ce qui est en notre pouvoir, Dieu, de son côté, nous accordera les grâces dont nous aurons besoin.

— Il faut que nous soyions de vrais amis, n'ayant en vue que le bien de nos âmes. Tu m'avertiras de mes défauts, afin que je puisse m'en corriger, et si tu trouves un peu de bien à faire, ne manque pas de me prévenir.

— Volontiers, mais tu agiras de même à mon égard ; je suis exposé à de plus grands dangers que toi, en raison de mon âge, et pour les éviter, tu m'aideras de tes sages conseils.

— Laissons les compliments de côté ; travaillons avec ardeur pour arriver au terme de nos désirs.

Depuis ce jour, Domenico et Massaglia furent étroitement unis. Leur amitié dura jusqu'à la mort, parce qu'elle était fondée sur la vertu.

A la fin de l'année scolaire, les jeunes gens avaient l'habitude d'aller passer les vacances dans leurs familles. Quelques uns, désirant se fortifier dans leurs études ou s'affermir dans la piété, aimaient mieux rester à l'Oratoire. De ce nombre furent Domenico et Massaglia. Leurs parents les attendaient avec impatience, et ils avaient besoin de repos ; aussi, je les engageai à partir. Au lieu de répondre, ils se mirent à rire.

— Que signifie ce rire ?

—Nous serions bien heureux, répondit Domenico, de revoir la maison paternelle; mais nous savons que l'oiseau en cage, s'il est prisonnier, n'a du moins rien à craindre du faucon : tandis que, mis en liberté, il peut tomber dans les serres du faucon infernal.

Néanmoins, je jugeai à propos de leur donner quelques jours de congé. Ils s'en allèrent par obéissance, ne restant chez eux que le nombre de jours fixé. Massaglia avait une bonne santé ; ses études nous donnaient de belles espérances. Après avoir achevé son cours de rhétorique, il subit avec succès l'examen pour la prise de soutane. Hélas !

ce saint habit, objet de son respect et de
son amour, il le porta quelques mois à peine.
Malade d'un refroidissement qui ne donna d'a-
bord aucune inquiétude, il aurait voulu ne
pas interrompre ses classes, mais sa famille vint le chercher pour lui faire suivre un
traitement radical. Pendant son absence, il
écrivit à Domenico la lettre suivante :

Cher ami,

Je croyais rester peu de temps à la maison, mais la maladie dont je souffre traîne en
longueur, et l'issue en devient chaque jour
plus incertaine.

Le médecin dit que je vais mieux ; je
trouve que je vais plus mal. Nous verrons qui des deux aura raison. En attendant, j'éprouve une grande peine d'être éloi-
gné de toi et de l'Oratoire ; je n'ai pas ici
les mêmes facilités pour mes pratiques de
dévotion. Je me console dans l'espoir que si
nous sommes séparés de corps, nous ne le
sommes pas d'esprit.

Rends-moi le service d'aller à la salle

d'étude et de faire une visite de questeur à mon bureau. Tu trouveras quelques papiers manuscrits et, tout à côté, mon ami Kempis, c'est-à-dire, *de Imitatione Christi*. Ce livre est en latin. Quoique j'aime la traduction, c'est toujours une traduction, et je préfère l'original.

Je me sens fatigué de ne rien faire ; le médecin me défend de travailler ; alors je me promène dans ma chambre et je me dis quelquefois : Guérirai-je de cette maladie ? Pourrai-je revoir mes camarades ? C'est le secret de Dieu, et je me soumets d'avance à son adorable volonté.

Allons, courage, souviens-toi de moi dans tes prières et surtout à la Sainte Communion. Donne-moi de tes nouvelles. Salue nos amis, particulièrement les confrères de l'Immaculée Conception, et crois-moi toujours ton affectionné

Massaglia.

Domenico fit l'envoi qui lui était demandé, il y joignit la réponse suivante :

Cher Massaglia,

Ta lettre m'a fait plaisir en me donnant l'assurance que tu étais encore de ce monde. Depuis ton départ, nous ne savions s'il fallait dire pour toi le *Gloria Patri* ou le *De Profundis*. Tu parais craindre de ne plus revenir à l'Oratoire, et nous en sommes tous affligés. Ma pauvre carcasse est, je crois, aussi usée que la tienne ; tout fait présager que j'approche à grands pas du terme de ma vie. Quoi qu'il en soit, unissons nos prières afin d'obtenir une bonne mort. Celui qui s'en ira le premier au Ciel gardera la place à l'autre, et lui tendra la main pour l'introduire dans la demeure Eternelle.

Que Dieu nous donne sa grâce pour devenir saints et bientôt saints, car j'ai peur que le temps ne nous manque. Tous nos amis te saluent cordialement dans le Seigneur, et moi, avec amour et des sentiments tout fraternels,

Je me dis ton dévoué

Domenico.

La maladie du jeune Massaglia avait semblé plusieurs fois vaincue, lorsque tout-à-coup elle le réduisit à la dernière extrémité. Il eut le temps de recevoir les secours de notre sainte Religion et mourut de la mort du juste.

La perte de son ami plongea Domenico dans une douleur qui altéra sa santé. Il le pleura pendant plusieurs jours, et son unique consolation était de prier et de faire prier pour celui qu'il avait beaucoup aimé.

CHAPITRE XVIII.

Grâces spéciales -- faits particuliers.

J'ai raconté jusqu'à présent des choses qui n'offraient rien d'extraordinaire, quoiqu'on puisse appeler extraordinaires la vivacité de la foi, la persévérance dans le bien, une ardente charité et la correspondance fidèle aux inspirations de la grâce. Je veux parler ici de faveurs spéciales, de faits non communs, qui ne sont pas nouveaux, car on les trouve dans la Bible, et ils se sont reproduits à toutes les époques, dans la vie des Saints. J'affirme que je dis scrupuleusement la vérité, et que j'ai vu de mes propres yeux tout ce que je livre aux réflexions du lecteur.

Lorsque Domenico faisait la sainte Communion, ou que le S. Sacrement était exposé, on le vit plusieurs fois comme ravi hors des sens, jusqu'à ce qu'il fût rappelé à lui-même pour remplir ses devoirs. Un jour, on ne le trouvait ni à la classe, ni au dortoir. Le Directeur, ayant été prévenu, soupçonna quelque chose de surnaturel et se rendit à l'église. En effet, le bienheureux enfant était au chœur, immobile comme la pierre, une main appuyée sur la poitrine, le visage tourné vers le Tabernacle.

On l'appelle, point de réponse.

On le secoue, et alors, rendu à la réalité : « Oh ! dit-il, la Messe est donc finie ? — Vois, reprit le Directeur en lui présentant sa montre, il est deux heures. » Domenico s'excusa d'avoir transgressé les règles de la Maison ; il s'en alla dîner, avec ordre de ne pas faire connaître la cause de son absence prolongée.

Une autre fois, ayant terminé mon action de grâces, j'allais quitter la sacristie, lorsque j'entendis parler dans l'église. La voix s'arrêtait par moments comme pour donner le temps à un interlocuteur de répondre. C'était Domenico.

Entre autres choses, je compris distinctement ces paroles :

— Oui, mon Dieu, je vous l'ai déjà dit et je le répète encore : je veux vous aimer jusqu'à mon dernier soupir. Si vous voyez que je doive vous offenser, envoyezmoi la mort : oui, la mort, plutôt que le péché.

Je l'ai souvent interrogé sur ce qui se passait dans ses méditations prolongées.

Il répondait en toute simplicité :

— Pauvre que je suis, il me vient une distraction, je perds le fil de mes prières, et je crois voir des choses si belles que les heures passent comme un instant.

Il entra un jour dans ma chambre en disant : — Vite, venez vite, il y a une bonne œuvre à faire.

— Où veux-tu me conduire? lui demandai-je.

— Faites vite, bien vite, répondit-il. J'hésitais encore; mais sur ses instances je consentis à sortir, ayant éprouvé d'autres fois l'importance de semblables invitations. Il s'engagea successivement dans plusieurs rues sans s'arrêter ni parler ; je le suivis de porte en porte, lorsqu'enfin il pénétra dans une maison, monta jusqu'au troisième étage, agita la sonnette en disant : — C'est là que vous devez entrer, et il partit aussitôt.

On ouvre : — Oh ! vite, vite, me dit-on, autrement il serait trop tard. Mon mari a eu le malheur de se faire protestant ; il le regrette et demande en grâce de mourir dans la foi catholique.

Je m'approchai du malade qui attendait avec anxiété de mettre ordre aux affaires de sa conscience. Cet acte venait d'être accompli de la manière la plus expéditive, lorsque le Curé de la paroisse entra, ayant été appelé en grande hâte. A peine commençait-il d'administrer le sacrement de l'huile sainte par une seule onction, qu'il n'avait plus sous les yeux qu'un cadavre.

Je voulus savoir comment Domenico avait découvert ce moribond. Au lieu de répondre, il me regarda d'un air douloureux et se mit à pleurer, de sorte que je ne lui en parlai plus.

Il aimait à s'entretenir du Souverain Pontife, assurant à plusieurs reprises qu'il désirait le voir avant de mourir, afin de lui communiquer des choses importantes. Je l'interrogeai à ce sujet et il répondit : Je voudrais dire au Pape qu'au milieu de ses tribulations, il doit s'occuper de l'Angleterre d'une manière toute particulière, parce que Dieu prépare, dans ce royaume, un grand triomphe au catholicisme.

— Sur quelles preuves s'appuient tes paroles ?

— Les voici, mais n'en parlez à personne, pour ne pas m'exposer aux railleries. Un matin, pendant mon action de grâces après la Communion, je fus surpris par une distraction très forte. Il me sembla voir une vaste plaine remplie de gens entourés d'un épais nuage. Ils marchaient, mais comme des égarés qui ne savent où mettre les pieds. Une voix me dit: Ce pays est l'Angleterre.

J'allais adresser des questions, lorsque parut le saint Pontife Pie IX, tel qu'on le représente dans les tableaux.

Il était vêtu majestueusement et tenait en main un flambeau d'une éclatante lumière. A mesure qu'il avançait, on voyait disparaître les ténèbres, et la foule immense restait dans la lumière comme en plein jour. La voix me dit encore: Ce flambeau est la religion catholique qui doit éclairer l'Angleterre.

Etant allé à Rome en 1858, je racontai ces détails au saint Père qui les écouta avec intérêt. Il me dit que son intention était de travailler énergiquement à la conversion de cette contrée, et que mon récit le confirmait dans sa résolution. Car, ajouta-t-il, le conseil vient d'une bonne âme, lors même qu'il ne faudrait pas lui attribuer un caractère plus élevé.

Domenico suspendait quelquefois la récréation et cherchait à se promener seul. Interrogé sur le motif qui le faisait agir ainsi, il répondait : — Je suis assailli par mes distractions ordinaires ; le Paradis semble s'ouvrir sur ma tête, et je m'éloigne de mes camarades pour ne pas leur dire des choses qui feraient rire de moi.

On parlait un jour du bonheur et de la gloire réservés à ceux qui conservent leur innocence, parce qu'ils seront les plus près du Sauveur, et qu'ils chanteront des hymnes particuliers de louanges pendant toute l'Eternité. Il n'en fallut pas davantage pour ravir en Dieu l'esprit de cet enfant privilégié. Il perdit connaissance et l'un des asscstants le reçut dans ses bras.

Je passe sous silence un grand nombre de faits semblables, laissant à d'autres le soin de les publier, lorsqu'ils jugeront le moment favorable, pour les faire servir à la gloire de Dieu.

CHAPITRE XIX.

Sa préparation à la mort.

Tout ce que nous avons dit et écrit jusqu'à présent sur le jeune Savio Domenico, prouve que sa vie fut une préparation continuelle à la mort. J'ignore s'il en connaissait l'heure et les circonstances, ou s'il n'en avait qu'un pieux pressentiment ; mais il en parlait bien à l'avance, avec une clarté de récit qui n'aurait pas eu plus d'exactitude après l'événement. A cause de son état maladif, on avait pour lui toutes sortes d'égards. Malgré cela, ses forces diminuaient chaque jour. Il s'en apercevait lui-même et disait quelquefois : « J'ai besoin de courir, si je ne veux pas que la nuit me surprenne en chemin » ; voulant faire comprendre qu'il avait peu de temps à vivre, et qu'il devait se hâter de travailler pour le Ciel.

Les élèves de l'Oratoire ont l'habitude de faire chaque mois l'exercice de la bonne mort. Il consiste à se confesser et à communier comme si c'était pour la dernière fois, puis à dire un Pater et un Ave pour celui des associés qui paraîtra le premier devant Dieu. Domenico dit un jour sous forme de plaisanterie : C'est pour moi maintenant que vous devez prier, parce que l'heure de mon départ approche.

Ne voulant rien négliger pour lui rendre la santé, je fis appeler, en consultation, les meilleurs médecins. Tous admirèrent la gaîté, la présence d'esprit, le jugement de Domenico. Le Docteur Francesco Vallauri, d'heureuse mémoire, s'écria avec admiration : Quelle perle précieuse que ce jeune homme !

— Connaissez-vous, lui dis-je, la cause du mal qui mine sa santé ?

— Une faible complexion, des talents précoces, la continuelle tension de son esprit, sont autant de limes qui usent les forces vitales.

— Pourrait-on trouver un remède?

— Le seul remède serait de le laisser aller au Paradis pour lequel il me semble parfaitement préparé, et il n'y a d'autre moyen de prolonger son existence, que de lui défendre toute espèce d'étude, pour l'appliquer à des travaux manuels proportionnés à ses forces.

Malgré l'état d'épuisement où se trouvait Domenico, il allait quelquefois en classe, ou bien il se rendait utile dans la maison. Une de ses occupations les plus chères était de soigner les malades. Je n'ai aucun mérite, disait-il, parce que je le fais avec trop de goût ; c'est même pour moi un agréable passe-temps. Lorsqu'il rendait des services matériels, il avait toujours soin de glisser adroitement quelque chose de spirituel.

Notre corps, disait-il à un de ses amis qui souffrait, ne durera pas toujours ; il faut bien qu'il s'use peu à peu jusqu'à ce qu'il descende dans le tombeau. Alors, notre âme délivrée de ses liens, s'envolera glorieuse au Ciel, où elle jouira d'une santé et d'une félicité parfaites.

Un jeune malade refusait de prendre la potion qui lui était ordonnée, à cause de son amertume. Mon cher, lui dit Domenico, il faut obéir à Dieu qui a créé les remèdes nécessaires pour nous rendre la santé ; tu dois vaincre ta répugnance afin d'acquérir un peu de mérites. Crois-tu donc qu'il y ait une médecine plus amère que le fiel et le vinaigre dont notre Sauveur fut abreuvé sur la croix ?

Ces paroles, dites avec une admirable simplicité, produisaient ordinairement une impression salutaire qui triomphait de toutes les résistances.

CHAPITRE XX.

Son départ de l'Oratoire. - Ses adieux.

Quoique la santé de Domenico devînt chaque jour plus chancelante, la pensée de quitter l'Oratoire et d'interrompre ses pratiques ordinaires de piété l'affligeait par-dessus toutes choses. Mon regret de le voir partir égalait le sien, car j'avais à son égard les sentiments d'un père pour l'enfant le plus digne de son affection. Je l'aurais gardé à tout prix sans l'avis contraire des médecins qui exigeaient le changement d'air, d'autant plus qu'une toux opiniâtre venait de se déclarer.

Domenico se soumit à leur décision et offrit son sacrifice à Dieu.

— Tu vas dans ta famille, lui disaient ses amis ; après quelque temps de repos tu seras rétabli, et nous te reverrons.

— Oh ! ne croyez pas cela, je ne reviendrai plus.

Le jour qui précéda son départ, il ne pouvait s'éloigner de moi, ayant toujours de nouvelles questions à m'adresser. Il me disait par exemple : — Que peut faire de mieux un malade pour se sanctifier ?

— Offrir ses souffrances et sa vie au Seigneur.

— Croyez-vous que mes péchés aient tous été pardonnés?

— Oui, je te l'assure au nom de Dieu.

— Puis-je avoir la certitude d'être sauvé?

— Oui, par la miséricorde Divine qui ne te manquera pas.

— Si le démon vient me tenter, que devrai-je répondre?

— Tu lui diras que tu as vendu ton âme à J.-C. et qu'elle ne t'appartient plus. S'il continue à te tourmenter, demande-lui ce qu'il a fait pour toi, tandis que le Sauveur a répandu jusqu'à la dernière goutte de son sang, pour te délivrer de l'enfer et te donner le Paradis.

— Du Paradis, pourrai-je voir mes parents et tous ceux que j'ai connus et aimés sur la terre?

— Oui, tu verras tout ce que tu peux désirer et des choses mille fois plus belles encore.

En faisant ces questions et beaucoup d'autres, on eût dit que le bienheureux enfant avait déjà un pied dans le Ciel et, qu'avant d'y entrer, il voulait savoir ce qui s'y passe.

Le matin de son départ, Domenico fit avec ses camarades l'exercice de la bonne mort avec une ferveur angélique. Il mit ensuite ses affaires en ordre, disposant chaque objet dans sa malle comme s'il ne devait plus y toucher. Puis, il alla faire ses adieux, donnant à tous de bonnes paroles ou de charitables avertissements Il engagea ses confrères de l'Immaculée-Conception à tenir leurs promesses envers la Sainte Vierge, et à mettre en elle une entière confiance.

Au moment de partir, il me dit : — J'aurais mieux aimé mourir près de vous qu'à Mondonio ; cependant, que la volonté de Dieu soit faite ! Si vous allez à Rome, n'oubliez pas ma commission pour le Pape au sujet de l'Angleterre. Priez afin que je fasse une sainte mort ; au revoir dans le Ciel.

Nous étions arrivés à la porte extérieure de l'Oratoire; mais avant de la franchir, il se retourna pour adresser un dernier adieu aux amis qui l'entouraient ; puis, serrant ma main dans la sienne, il ajouta :

— Ayez la bonté de me donner un souvenir.

— Si je savais ce tu que désires, tu l'aurais à l'instant même. Veux-tu un livre ?

— Non, quelque chose de mieux.

— Veux-tu de l'argent pour le voyage ?

— Oui, c'est cela ; de l'argent pour le voyage de l'éternité. Vous avez obtenu du Saint-Père quelques indulgences applicables au moment de la mort ; veuillez m'inscrire au nombre de ceux qui doivent en profiter.

— Sois tranquille, mon cher enfant, il sera fait selon ton bon plaisir.

Enfin, il partit après avoir passé trois années à l'Oratoire pour l'édification de ses camarades et des supérieurs eux-mêmes. Quoique le mal l'eût réduit à une extrême maigreur, il y avait tant de calme, tant de douce joie sur son visage, que nous gardions encore l'espérance de le revoir.

Mais il était mûr pour le Ciel. Sa courte carrière avait suffi pour gagner la récompense des justes.

Dieu l'appelait à lui dans la fleur de son innocence et de sa jeunesse, afin de le

préserver des misères et des dangers du
monde.

CHAPITRE XXII.

Marche de la maladie. - Il reçoit le Viatique.

Domenico avait quitté Turin en compagnie de son père. Leur voyage fut heureux ; il semblait même que le grand air lui fît du bien.

Il passa quelques jours sans se mettre au lit ; mais, comme ses forces diminuaient et que la toux devenait plus forte, on jugea prudent de le montrer au médecin. Celui-ci trouva le mal beaucoup plus grave qu'on ne le supposait. Il ordonna un repos absolu et appliqua lui-même les remèdes nécessaires. Domenico parut aller mieux ; ses parents et le médecin le croyaient ainsi. Lui seul ne gardait aucune illusion. Persuadé qu'il vaut mieux devancer la réception des Sacrements que s'exposer à en être privé, il appela son père et lui témoigna le désir de se

4

confesser et de faire la Sainte Communion.

Malgré la surprise et la peine causées par cette demande, on alla chercher M. le Prévôt qui vint sans retard apporter le saint Viatique.

Rien ne pourrait exprimer la ferveur et les élans d'affection qui s'échappaient de ce cœur innocent pour son bien aimé Jésus. Il renouvela les promesses faites le jour de sa première Communion, et répéta plusieurs fois : — O Jésus ! O Marie ! vous serez maintenant et toujours les amis de mon âme.

Après son action de grâces, jouissant d'une paix parfaite, il dit :

— Je suis content ; je vais faire, il est vrai, le long voyage de l'éternité, mais en compagnie de Jésus que pourrais-je craindre ? O Jésus ! celui qui vous aime ne redoute rien, pas même la mort.

Le médecin se réjouissait de l'état du malade et disait à ses parents : — Tout va bien ; il ne reste plus qu'à user de précautions pendant la convalenscence. Mais Domenico en jugeait autrement. Il voulut recevoir le Sacrement de l'Extrême-Onction, et pour ne pas le contrarier, on se rendit encore à ses désirs. Avant la cérémonie, il fit cette prière : O mon Dieu, je vous aime et je veux vous aimer à jamais ! Quand pourrai-je vous voir et vous être uni pour toujours ! Puisque dans votre miséricorde, vous permettez que je reçoive ce sacrement, faites qu'il efface tous les péchés que j'ai commis par la vue, par l'ouïe, par la bouche, par les mains et par les pieds ; que mon corps et mon âme soient sanctifiés par les mérites de votre passion. Ainsi soit-il.

C'était le 9 Mars, dernier jour de sa vie; les remèdes avaient anéanti les forces de Domenico ; c'est pourquoi on lui donna la bénédiction Papale. Il récita lui-même le *Confiteor* et répondit à toutes les prières du Prêtre. Lorsqu'on lui dit que par cet acte religieux le Pape accordait une indulgence plénière, il éprouva une grande consolation et ne se lassait pas de répéter : *Deo gratias et semper Deo gratias.*

Tournant ensuite ses regard vers les

crucifix, il récita les vers suivants qui lui étaient très-familiers : —

Signor, la libertà tutta vi dono,
Ecco le mie potenze, il corpo mio,
Tutto vi do, che tutto è vostro, o Dio,
E nel vostro voler io m'abbandono.

En voici la traduction :

Toute ma liberté, Seigneur, je vous la donne ;

De mon corps, de mes sens, brisez chaque lien ;

A votre volonté, Seigneur, je m'abbandonne,

Puisque tout est à vous, reprenez votre bien.

CHAPITRE XXIII.

Sa précieuse mort.

C'est une vérité de foi que l'homme recueille le fruit de ses œuvres au moment de la mort. Il est dans le calme ou la désolation suivant le bien ou le mal qu'il a fait. Cependant, il arrive que de bonnes âmes, après une sainte vie, sont frappées d'épouvante à l'heure dernière. Dieu veut, par ce moyen, les purifier des fautes légères qu'elles ont peut-être commises, afin de leur donner une plus belle couronne de gloire dans le Ciel. Il n'en fut pas ainsi de Domenico. Je suis porté à croire que le centuple promis aux juste lui fut accordé comme prélude du bonheur éternel. Il voyait approcher la mort avec la tranquillité d'une âme innocente : Son air joyeux, la sérénité de son visage, la pleine connaissance qu'il avait de lui-même, ne donnaient à personne l'idée qu'il touchât à sa fin.

M. le Prévôt, étant revenu le voir, fut tout étonné de l'entendre recommander son âme à Dieu. Ses oraisons jaculatoires étaient fréquentes et révélaient un vif désir du Ciel. On ne pouvait rien suggérer à un agonisant si bien disposé, en sorte que le vénérable Pasteur, attendri et pénétré d'admiration allait se retirer, lorsque le malade lui dit :

— Veuillez me laisser un souvenir qui me réconforte.

— Mon cher enfant, il ne peut y avoir de meilleur souvenir que celui de la passion du Sauveur.

Deo gratias, répondit Domenico. Que la passion de N. S. J. C. soit toujours présente à mon esprit et à mon cœur ! Jésus, Marie, Joseph, assistez-moi dans cette dernière agonie ; Jésus, Marie, Joseph, faites que je meure en paix en votre sainte compagnie.

Puis, il s'endormit pendant une demi-heure. A son réveil, il regarda ses parents et dit d'un air joyeux :

— L'heure est arrivée.

— Me voici, mon fils, veux-tu quelque chose?

— Oui ; prenez mon *Giovane Provveduto* et lisez-moi les prières pour la bonne mort.

A ces mots, sa mère fondit en larmes et s'éloigna de la chambre du malade.

Son père, quoique brisé de douleur, fit ce qui lui était demandé.

Domenico suivait avec attention et répondait très-distinctement, après chaque invocation :

Miséricordieux Jésus, ayez pitié de moi !

Arrivé à ces paroles : Lorsque mon âme paraîtra devant vous et verra pour la première fois la splendeur immortelle de votre Majesté, ne la rejetez pas de votre présence, mais daignez la recevoir dans le sein de votre miséricorde, afin qu'elle chante éternellement vos louanges.

Oh ! cher père, dit-il avec transport, c'est tout ce que je désire : voir Dieu et le louer pendant toute l'Eternité.

Il parut ensuite absorbé dans un recueillement profond ; sa figure avait une expression céleste, on eût dit qu'il goûtait par avance la félicité des élus.

Tout-à-coup il s'écria : Oh que je vois de belles choses ! adieu cher père, adieu.... et avec un sourire de Paradis, il expira doucement, les mains jointes sur la poitrine en forme de croix.

Pars pour le Ciel, ame fidèle à ton Créateur ; les anges et les Saints ont préparé une grande fête pour te recevoir, et ce Jésus que tu as beaucoup aimé va te donner en récompense un bonheur qui ne finira jamais. *Intra in gaudium Domini tui.*

CHAPITRE XXIV.

Regrets.

Il est facile de comprendre la douleur des parents de Domenico à la perte d'un fils qui avait toujours été leur consolation et leur joie. Lorsque la nouvelle en parvint à l'Oratoire, nous fûmes tous profondément affligés. Chacun exprimait son regret d'être privé d'un ami, d'un bon camarade, d'un sage conseiller. Quelques jeunes gens se réunirent afin de prier pour le repos de son âme, mais le plus grand nombre ne cessait de repéter : — Domenico est un saint ; il est déjà au Ciel ; Nous avons un protecteur de plus au près de Dieu, et on se sentait disposé à l'invoquer. Tous les objets qui lui avaient appartenu furent distribués avec empressement comme de précieux souvenirs.

Le Professeur D. Picco profita de cette occasion pour encourager ses élèves dans

la pratique de la vertu, et leur faire appré-
cier la valeur du trésor que l'on venait
de perdre.

« Chers enfans, leur dit-il, je vous en-
« tretenais l'autre jour de la fragilité de la
« vie humaine, en vous faisant remarquer
« que la mort ne respcte ni l'âge, ni les
« talens, ni la fortune, ni les grandeurs,
« J'étais loin de m'attendre que l'exem-
« ple confirmerait si vite mes paroles, et
« que nous aurions à pleurer l'un des plus
« vertueux d'entre vous, Savio Domenico.
« Je n'ai point à rappeler ici la régulari-
« té de sa conduite, la réserve de ses dis-
« cours, la ferveur de sa dévotion ; Je lais-
« se à ses parents le soin de parler de son
« obéissance, de son respect, de son dévoû-
« ment. Vous l'avez tous connu, aimé et
« admiré. Je n'ai donc qu'une chose à vous
« dire : — appliquez-vous à marcher sur
« ses traces, prenez-le pour modèle, et
« voyez ce qui vous manque pour lui res-
« sembler. Si je m'aperçois que votre con-
« duite devienne meilleure, que vous ap-

« portiez plus d'exactitude à remplir vos
« devoirs, plus de zèle à vos exercices re-
« ligieux, je le regarderai comme une grâ-
« ce d'en haut, comme une preuve de la
« protection de Domenico, en récompense
« de ce que nous avons été, vous ses ca-
« marades, et moi, son maître. »

Peu de temps après la mort du bienheureux jeune homme, on parlait déjà de faveurs obtenues par son intercession. J'ai
sous les yeux l'attestation d'un grand nombre de personnes dont le caractère et l'autorité sont dignes de foi. Mais, parce qu'elles
vivent encore, j'aime mieux n'en rien dire,
et faire connaître la guérison d'un étudiant
en Philosophie, condisciple de Domenico.

En 1858, cet élève tomba gravement malade. Ses études furent interrompues et il
ne put subir l'examen de fin d'année. Quelques mois de repos passés dans sa famille
lui rendirent un peu de forces. Il revint à
Turin avec l'espoir de se remettre au travail, mais son état de santé devint pire
qu'auparavant. « Je perdais tout espoir, dit-

« il dans sa déposition, de passer l'examen
« désiré qui était pour moi d'une grande
« importance. Encouragé cependant par tout
« ce que j'entendais raconter de mon cher
« camarade Domenico, je voulus, moi aus-
« si, le prier de me venir en aide, en ob-
« tenant de Dieu ma guérison.

« Je commençai une neuvaine, et le der-
« nier jour n'était pas encore fini, que mes
« forces revenaient avec une rapidité ex-
« traordinaire. Je repris mes études sans
« difficulté ; je passai très-bien mon examen ;
« et ce ne fut pas la grâce d'un moment,
« car je continue à jouir d'une bonne santé. »

Je termine par ce fait la vie de Savio
Domenico, me réservant de publier, sous
forme d'appendice ce qui paraîtra le plus
digne de procurer la gloire de Dieu et le
salut des âmes.

APPENDICE

SUR QUELQUES GRACES OBTENUES DE DIEU

PAR L'INTERCESSION

DE SAVIO DOMENICO

—◇—

Parmi les grâces nombreuses que l'on croit avoir obtenues de Dieu par l'intercession de Savio Domenico, je choisis celles qui présentent un caractere plus extraordinaire. On possède au Palais Archiépiscopal de Turin les relations authentiques de ces faveurs, signées par les personnes mêmes qui en ont été l'objet et qui en ont fait une déposition publique.

Les voici, en abrégé, dans l'ordre où elles se trouvent.

I.

Guérison de fievrès malignes

Si le Chrétien doit tenir cachées les œuvres qui tourneraient à sa louange, il est de son devoir de publier hautement ce qui peut servir à la gloire de Dieu et de ses fidèles serviteurs.

Tel est le motif qui m'engage aujourd'hui à parler de l'assistance efficace du jeune Savio Domenico, que je reconnais être le Protecteur et le Bienfaiteur de ma famille.

Le 7 Septembre 1858, je fus atteinte d'une maladie d'entrailles accompagnée de fièvres, qui résistèrent à tous les traitemens des hommes de l'art. Soins intelligents, changement d'air et de climat, tout fut inutile. Ma faible complexion et ma santé ordinairement mauvaise, ne purent résister à un pareil assaut. Je fus bientôt reduite à l'anéantissement complet de mes forces. Aux douleurs du corps vinrent s'ajouter les inquiétudes et les afflictions d'esprit, car j'étais dans l'impuissance de remplir mes devoirs de mère de famille. Mon malheur était grand puisque les remèdes humains ne pouvaient me soulager ; mais il me restait les secours du Ciel que je n'implorai pas inutilement.

On venait de publier, il y avait quelques jours, la vie du Saint élevè de l'Oratoire, Savio Domenico. Le bruit se répandait que des grâces avaient été obtenues par son intercession, ce qui m'inspira le désir de m'adresser à lui pour recouvrer la santé.

Pendant la nuit du 20 Février 1869, pleine de confiance en la bonté de Dieu qui se plait quelquefois à manifester le bonheur de ses élus, je fis cette prière ; O Savio Domenico, toi qui parvins en peu d'années à un très haut degré de vertus et de sainteté, donne moi la preuve que tu es au Ciel en obtennant ma guérison. Si je suis exaucée, je promets de raconter partout cette grande faveur obtenue en ton nom.

J'avais à peine fini de prononcer ces paroles, qu'un frisson parcourut tout mon corps. Je me trouvai soulagée, la fièvre disparut, et je dormis tranquillement le reste de la nuit.

Le médecin fut stupéfait d'un pareil changement. Je ne sais, disait-il, quel remède a pu vous faire un si grand bien mais à coups sûr, Dieu s'en est mêlé.

Je me levai donc subitement guérie lorsque de longs mois de convalescence n'auraient pas obtenu un semblable résultat. Depuis ce moment, je n'ai ressenti aucune espèce d'incommodité, aucun retour de mon ancienne maladie. Je raconte le fait, simplement, en toute vérité, prête à l'affirmer en présence de qui que ce soit, désirant qu'il soit connu du monde entier, afin d'exciter les fidèles à la confiance en Dieu et en son jeune serviteur, Savio Domenico.

Turin, 15 Octobre 1859.

La Comtesse BUSCHETTI,
née de Mezzenile.

II.

Guérison d'un grave mal d'yeux.

Vers la fin de Mai 1853, mes yeux devinrent si malades que je fus contraint d'abandonner en grande partie mes études, et bientôt, d'y renoncer tout-à-fait. Le mal s'aggrava tellement que le collège me devint insupportable, non pas tant à cause de mes souffrances, mais parce que je voyais mes condisciples travailler et obtenir de bons résultats dans leur examens. Je rentrai donc dans ma famille espérant que l'air natal me ferait du bien. Une légère amélioration se fit sentir mais elle fut de courte durée. Plusieurs médecins spécialistes, d'une grande réputation, furent appelés, entr'autres le chevalier Sperini, et les Docteurs Fissore et Paganini.

Ils employèrent toutes les ressources de leur art et finirent par déclarer que le moyen de guérir un semblable mal leur était inconnu.

Alors, livré à moi-même, enfermé dans une chambre obscure, je ne savais que devenir.

Le contour de mes yeux était si rouge qu'on les eût pris pour deux perles précieuses enchassées dans l'écarlate.

Vers la fin d'octobre, me trouvant un peu mieux, je revins au Collège avec l'espoir de reprendre mes études. Il n'en fut rien. Un soir que mes camarades réunis chantaient joyeusement j'étais assis tout pensif, le visage dans les mains, appuyé sur une table près de laquelle se trouvait le Directeur. Tout-à-coup il se lève, frappe doucement sur mon épaule, et dit comme en riant : — Ne pourrions nous pas, une bonne fois, te délivrer de ce mal ? — Il est temps d'en finir. Nous allons prendre Domenico par les cheveux et ne le point laisser que tu ne sois guéri. C'est demain que commence la neuvaine de l'Immaculée Conception ; fais tout ton possible pour être en état de communier chaque jour, et avant de te coucher, tu diras un *Ave Maria* en terminants par ces mots : — *Savio Domenico prie pour moi.* De mon côté, je ne t'oublierai pas au St Sacrifice de la Messe.

Je promis de suivre ponctuellement les

recommandations du Directeur. La neuvaine était à peine commencée que j'éprouvai du soulagement, ce qui me donna du courage et une plus grande ferveur dans mes pratiques de piété. Au bout de quelques jours, le mal avait disparu, mais avant de publier cette grâce je voulus avoir la certitude de ma complète guérison.

Aujourd'hui, n'ayant plus aucune crainte, je m'empresse de témoigner publiquement ma reconnaissance à Dieu et au bienheureux Savio Demenico. Je prends la résolution d'imiter ses vertus, afin qu'il continue à me protéger d'une manière spéciale.

Turin 1ᵉʳ Février 1860.

Grâce au Seigneur, la guérison de mes yeux se maintient toujours, et je confirme ce que j'ai déclaré ci-dessus.

DONATO EDOARDO *de Saluggia*.

III.

Guérison instantanée du mal aux dents.

Ayant lu la vie de Savio Domenico, j'étais plein de vénération pour lui mais le fait que je vais raconter m'oblige infiniment envers ce saint jeune homme, et, pour la gloire de Dieu, je veux lui donner toute la publicité possible.

Au mois d'Avril 1859, je souffrais d'un mal de tête qui s'aggrava au point de m'empêcher de dormir pendant plusieurs jours. A cette souffrance vint s'ajouter un mal aux dents si violent, si continuel, que ne pouvant plus le supporter, je donnais an libre cours à mes gémissements et à mes larmes.

C'était le soir ; j'errais çà et là ne sachant que devenir, lorsque le Préfet me rencontra, et, apprenant la cause de ma douleur, il me dit : — « recommande toi à Savio Domenico, il peut te guérir, s'il le veut. » Je le remerciai de ce bon conseil, regrettant de n'avoir pas eu la même idée, et courant aussitôt à l'Autel de la Sainte Vierge, je me mis à genoux à l'endroit même où Domenico avait l'habitude de témoigner son amour à la meilleure et à la plus puissante des Mères. Je fis le signe de la croix et je demandai ma guérison, si telle était la volonté de Dieu. Le mal augmentait toujours, mais lorsque j'arrivai à ces paroles du Pater : *sed libera nos a malo*, la douleur cessa immédiatement, l'enflure de la joue disparut sans laisser de trace : je me trouvai guéri et revenu à mon état naturel.

Je ne savais remercier mon angélique Bienfaiteur de la grâce qu'il m'avait obtenue, et maintenant, que pourrait-il refuser pour le bien de mon âme après avoir si promptement guéri mon corps ?

Veuillez, Monsieur le Directeur, prendre en considération ce qui m'est arrivé et en faire l'usage que vous jugerez nécessaire pour procurer la gloire de Dieu, et exciter la confiance envers Savio Domenico.

Votre fils très-obéissant,
Galleano Matteo *di Caramagna.*

IV.

Guérison d'un malade à l'hôpital des Saints Maurice et Lazare.

(Déposition faite par sa mère.)

Depuis un mois, mon fils unique était malade d'une grave enflammation du cerveau. On ne pourrait se faire une idée de ma douleur en le voyant dans un état qui ôtait tout espoir de guérison. Il était mon secours et le seul appui de ma viellesse. Sans lui, je n'avais en perspective qu'une vie triste et misérable. Un jour, je me rendis à l'hôpital avec quelques uns de mes parents, le cœur plus brisé qu'à l'ordinaire. En voyant mon pauvre fils épuisé par les saignées et déjà semblable à un cadavre, je ne pus retenir mes sanglots. Mais Dieu que soit béni, car il changea subitement ma douleur en une grande joie. Un jeune homme, tenant à la main une petite brochure, s'approcha du malade qui se trouvait à côté de nous. Il lui montra le portrait d'un enfant d'environ 15 ans, et lui conseilla de lire sa vie et d'imiter ses vertus.

Je crus tout d'abord qu'il s'agissait de quelque saint, et je demandai en grâce un livre semblable pour mon fils. Le jeune homme répondit qu'il était facile de me contenter, mais qu'une personne en délire ne pouvant tirer aucun profit de cette lecture, il valait mieux demander sa guérison par l'intercession du saint enfant, appelé Savio Domenico. J'approuvai cette idée, et d'une voix tremblante d'émotion, je dis à l'oreille de mon pauvre agonisant : — « écoute moi bien, il faut te recommander à Savio Domenico, afin qu'il prie Dieu de te rendre la santé. »

Aussitôt, mon fils tourne ses regard vers moi, et au bout de quelques instants, à ma grande stupéfaction, il dit très-distinctement : *je me recommande à lui.*

C'étaient les premières paroles qu'il m'adressait depuis 18 jours ; aussi, je ne saurais exprimer la joie que je ressentis en ce moment, car j'avais perdu tout espoir de le sauver.

Chose merveilleuse, en peu de temps mon

fils fut entièrement guéri d'une maladie pour laquelle les médecins ne voyaient d'autre issue que la mort ou l'hospice des Aliénés.

Et maintenant, je ne cesse de bénir le Ciel pour la faveur qu'il a bien voulu m'accorder à la prière du Bienheureux Savio Domenico.

Turin, 10 Avril 1860.

PAIRA MARIA.

V.

Autre guérison d'un grave mal d'yeux.

Depuis plusieurs semaines, je souffrais très-sérieusement du mal aux yeux, et je me voyais dans la nécessité d'abandonner l'école, lorsque ayant appris les grâces reçues si promptement par diverses personnes, je sentis naître une grande confiance en Savio Domenico. Le jour de mercredi saint, je dis à notre Directeur : — il faut que j'essaie, moi aussi, de me recommander à Savio ;

il en a guéri tant d'autres qui ne l'ont pas connu, et moi, son compagnon, ne pourrais-je rien obtenir ? Le Directeur répondit : — tu as raison ; récite lui un *Pater* et *Ave*, et demain, plein de confiance va faire le travail dont tu es chargé au Saint Sépulcre qu'on a coutume d'élever ce jour-là, mais ne manque pas de l'offrir pour la gloire de Dieu.

Je fis la prière indiquée et je me trouvai beaucoup mieux, ce qui me permit d'achever mon ouvrage sans être le moins du monde incommodé. Le samedi j'étais parfaitement guéri.

La reconnaissance me fait un devoir de rendre ce public témoignage à la bonté de Dieu et à la puissante intercession de mon camarade Savio Domenico.

Turin, 20 Juillet. 1869.

Hyacinte Mazzucco *de Nucetto*.

VI.

Guérison subite de graves douleurs d'entrailles.

Au nombre des faveurs reçues par les personnes qui eurent recours à Savio Domenico, il en est une qui mérite une mention spéciale, c'est la guérison merveilleuse d'un étudiant

J'en ai été le témoin oculaire ainsi qu'un grand nombre de jeunes gens. Voici comment lui-même raconte le fait :

Il y a trois ans, je fus atteint d'une hernie, mal terrible causé par le déplace- d'un viscère, pour la guérison duquel j'eus beaucoup à souffrir. Pendant quelque temps je ne ressentis plus rien, mais le 20 Février 1860, en m'amusant avec mes camarades, j'éprouvai les mêmes douleurs que la première fois. Ne pouvaut plus rester debout, je me mis au lit, et ne sachant quel parti prendre, je fis appeler le directeur qui vint aussitôt et me confessa selon le désir que je lui en avais exprimé. Pendant ce temps, il avait envoyé chercher le médecin, ainsi que des bandages, en vue d'une opération à faire, et dans la crainte d'un trop long retard, on tint prête une voiture pour me conduire à l'hôpital. Cependant la douleur devenait si intense que j'étais hors de moi et comme en délire. J'ai su depuis que plusieurs me croyaient moribond. Dans ce triste état, ma pensée se porta tout-à-coup vers mon camarade Savio Domenico dont je connaissais le crédit auprès de Dieu. Sentant ma confiance augmenter je lui dis : — s'il est bien vrai que tu es au ciel, obtiens moi du soulagement au souffrances que j'endure. Puis, je récitai le *Pater*, l'*Ave*, le *Gloria Patri* en son honneur. Aussitôt, il me sembla qu'un baume adoucissait mon mal et je m'endormis paisiblement. Au bout d'un quart d'heure, mes camarades vinrent m'avertir qu'il fallait aller à l'hôpital.

— Mais je suis guéri, répondis-je à la grande surprise de tout le monde, aussi bien qu'à la mienne. — et de fait, je ne sentais plus aucun mal. Je me serais levé à l'instant même si la nuit avait été moins avancée. Le lendemain matin, il fut constaté de nouveau que j'étais en parfaite santé.

Je dois cette grâce à Savio Domenico qui a prié pour moi. Toute ma vie, j'en serai reconnaissant à Dieu et à mon jeune bienfaiteur.

Charles Bellino *de Bard,*
arrondissement d'Aoste.

VII.

Autre guérison d'une hernie dangereuse.

Une grâce, digne d'être citée, fut obtenue dans la ville de Chieri par l'intercession de Savio Domenico. Un certain Charles Béchis se trouvait depuis trois ans gravement malade d'une hernie. Il ne pouvait supporter la moindre fatigue, car la vivacité des douleurs lui ôtait les forces et l'empêchait de se tenir debout.

Il avait fait usage de tous les moyens indiqués par la médecine et la chirurgie, et le mal augmentait toujours.

Au commencement de l'année 1861, la vie de Savio Domenico tomba entre ses mains. Il la lut avec intérêt, et frappé du grand nombre de personnes qui avaient eu recours à lui et s'étaient trouvés guéris, il voulut sans tarder, commencer une neuvaine. De plus, il promit que si la grâce tant désirée lui était accordée il se rendrait auprès de Don Bosco pour en faire la déclaration.

Dès les premiers jours, Charles Béchis put enlever les bandages employés dans sa maladie et qu'il ne pouvait ordinairement quitter. A la fin de la neuvaine, il se trouva parfaitement guéri et put reprendre les travaux d'agriculture qu'il avait abandonnés depuis longtemps.

Le même Charles Bécchis déclare avoir obtenu non seulement la guérison du corps mais celle de l'âme qu'il avait aussi demandée. Il ne s'était pas approché des sacrements depuis bien des années et il croyait impossible sans un secours du ciel, de vaincre la résistance qu'il éprouvait à cet égard. Aussi, dès qu'il fut délivré de son infirmité, Béchis voulut remercier Dieu et son jeune protecteur, en accomplissant ses devoirs de chrétien. Il y trouva de grandes consolations et le prochain en fut saintement édifié.

Le soussigné écrit cette relation dictée par Charles Béchis lui-même lequel est prêt à en faire la déposition devant qui de droit.

Turin, 10 Mars 1861

MICHEL RUA Prêtre.

VIII.

Guérison d'un grave mal d'yeux.

Le fait suivant me parait d'une si grande importance, que je n'hésite pas à vous le faire connaître. Le 19 janvier 1881, je me trouvais depuis plus de 8 jours tourmenté par un grave mal aux yeux. Après avoir essayé de tous les remèdes matériels, j'eus recours à un remède spirituel qui, seul, me réussit. Le souvenir de votre ancien élève Savio Domenico, s'étant présenté à mon esprit, ainsi que les grâces nombreuses obtenues de Dieu par son intercession, je m'adressai donc à lui. Pendant ma prière, il me sembla qu'on lavait miraculeusement mes yeux ; les douleur disparurent ma vue resta libre et claire comme auparavant. Je compris par là l'impuissance des secours de la terre comparés à ceux du Ciel.

Je désire que ma guérison soit publiée avec celles que Dieu a déjà opérées pour la gloire de son jeune serviteur, car il me paraît digne d'être connu.

Veuillez agréer mes très-humbles et très-cordiales salutations.

LAURENT PELAZZA

Carmagnola, 1er Avril 1881.

IX.

Guérison d'une toux opiniâtre.

Très-Révérend Seigneur.

La gratitude et l'affection pour votre digne élève, Savio Domenico, me font vous adresser cette lettre. Un nombre considérable de personnes pieuses et savantes m'engagent à vous prier de rendre publique la grande faveur que j'ai obtenue afin d'exciter les fidèles, et surtout les jeunes gens, à imiter les vertus de ce saint jeune homme, et à faire l'expérience de sa puissante intercession.

Au commencement de janvier 1871 je fus pris d'une toux si opiniâtre que je ne pouvais trouver le repos ni le jour, ni la nuit. Trois médecins furent consultés inutilement. J'étais très-résigné au bon plaisir de Dieu, mais je souffrais et je me sentais bien affaibli, car la maladie dégénérait en bronchite pernicieuse. On me défendit toute espèce de travail ; — seulement, par distraction, je lisais de temps en temps la délicieuse vie de Savio Domenico. Le récit des faveurs obtenues par ceux qui lui sont dévots, m'inspira la pensée de m'adresser à lui. Je fis un Triduum en recitant trois Pater, Ave, Gloria, avec la confiance d'être exaucé. La première fois que le médecin vint me visiter, il trouva une si grande amélioration dans mon état, que ne pouvant la croire le résultat des remèdes ordinaires, il l'attribua à une intervention Divine en disant : cela me paraît une illusion. A partir de ce moment, je fus délivré de la toux qui altérait ma santé depuis trois mois et qui me conduisait insensiblement au tombeau. Redevenu sain et robuste, je ne cesse de bénir l'angélique Savio, car ma guérison inattendue frappe d'étonnement tous ceux qui me connaissent.

J. B. Pellegrini.
Ch. dans le Ven. Sem. de Como.

PROTESTATION DE L'AUTEUR.

A tout ce qui a été dit, ou écrit, à l'égard du jeune Savio Domenico, l'auteur n'a pas l'intention de donner d'autre autorité que celle d'un simple récit historique. Il remet toutes choses au jugement de la Sainte Eglise dont il se fait gloire de se dire le Fils très-obéissant, toutes les fois que l'occasion s'en présente.

TABLE.

A LA MÊME LIBRAIRIE

DON BOSCO. — **Neuvaine à l'Auguste Mère du Sauveur,** invoquée sous le titre de Marie Auxiliatrice. Prix 0 fr. 30 cent., *franco* par la Poste 0 fr. 35 cent.

— **Biographie du jeune Louis Fleury-Antoine Colle.** Prix 1 fr., *franco* par la Poste. 1 fr. 15.

— **Pierre ou la Puissance d'une bonne éducation.** Curieux épisode contemporain. Prix 0 fr. 30 cent., *franco* par la Poste 35 cent.

— **Angèle ou l'Orpheline des Apennins.** Prix 0 fr. 25 cent., *franco* par la Poste 30 cent.

— **Michel Magon, élève de l'Oratoire de St-François de Sales.** Prix 0 fr. 30 cent., *franco* par la Poste 35 cent.

GASTALDI. — **Le Miracle de la Charité ou vie du Vénérable Joseph-Benoît Cottolengo.** Traduit de l'italien par Mgr V. Postel. Un joli volume in 8º Prix 3 fr. 50. *franco* par la poste 4 fr.

F. MARTINENGO. — **La Grande Bête**, Signalée à la Jeunesse. Prix 30 c., *franco* par la poste 40 c.

— **La Queue de la Grande Bête.** Prix 30 cent., *franco* par la Poste 40 cent.

Mgr POSTEL — **Petite Bible Morale de la Jeunesse.** Prix 0 fr. 50 cent., *franco* par la Poste 0 fr. 60 cent.

E. MICHEL. — **Le Tour du Monde en 240 jours.** Canada, Etats-Unis, Chine, Hindoustan, 2 volumes in-16 avec 35 gravures et planisphères : 3 fr. le volume, *franco* par la Poste 3 fr. 50.

PRIX du présent Volume 0 fr. 30 centimes, *franco* par la Poste 35 cent.

www.ingramcontent.com/pod-product-compliance
Lightning Source LLC
LaVergne TN
LVHW050831200726
843507LV00001B/257